Rogha Dánta

1965 — 2001

Greagóir Ó Dúill

Buaileann do ghuthán amach
Gan freagairt san halla fuar.
Amharcann an pictiúr air,
Corraíonn an cuirtín go míshuaimhneach,
Deir an clog, "Uch, ach lámha agam..."
Glaonn an guthán isteach sa chistin,
Cuireann a chloigeann isteach ar na seomraí, ceann ar cheann.

— Glaoch

Rogha Dánta

1965 — 2001

Gréagóir Ó Dúill

Cois Life Teoranta • Coiscéim Teoranta
2001

ISBN 1 901176 26 6

Clúdach: Eoin Stephens
Clóbhualadh: Criterion Press, Baile Átha Cliath

Réamhrá le Seán Ó Cearnaigh *9*
Aiste le Gréagóir Ó Dúill *11*

ROGHA DÁNTA

INNILT BHÓTHAIR
Cé Dúirt? *27*
Mise Éire 28
Imirce 29
Turas Luaimh 30
Cad é Fómhar? 31
Faire 32
Teoiric Chomhcheilge 33

CLISEADH
Sionnach ar Bhóthar Maidine 37
Tonn Ghruaime 38
Ceacht 39
Bairneach 40

DUBHTHRIAN
Non Serviam 43
Stowaway 44
I gCuimhne ar Sheán Downes 45
Siúlóid Chriostail 46
I gCuimhne 75,000 Éireannach 47
Scannán Cogaidh: do N.P. 48

BLAOSCOILEÁN
Gan Teideal 51
Don Chonstábla Taca Michael Williams 53
Redshanks 54
Conradh Ceilteach 55
Bailitheoirí an Deannaigh 56
Muirthéacht Innealtóra 56
Blaoscoileán 57
Uisce 58
Dubhghall 59
Oisín 60
Treapán 61
Faoileán Leonta 62
Longbhriseadh 63

CRANNÓG AGUS CARN
Crannóg 67
Spéir agus Loch 68
Eile 69
Spórt Uisce 70
Challenger 71
Pastorale Plaisteach 72
Friofac 73
Súil le Muir 74
Rolla Páir 75
Nollaigeacha Uladh 76
Tamall gan Cleachtadh 77
Plá 78
Lá na bPoipíní 79
D'Ultach Mná 80
Dán Grá 81
Dán Grá – Arís 82
Glasnost 83

SAOTHRÚ AN GHOIRT
Téim fá Chónaí 87
Sionnach 88
Téip Cheoil i Sceach Shléibhe 89
Stráinséir 90
Scéal an Fhir Óig 91
An Lá a Thuirling an Taoiseach ar an Iarthuaisceart 93
Seasamh Fóid 94
Loki agus Loch 95
Bláthfhleasca Nollag 96
In Memoriam Áine Nic Chárthaigh 97
Checkpoint Charlie 99
The Cruellest Month 100
Caora 101
Dán Nollag 102
Do Bhean Óg faoi Strus 103
Géaga 104
Earrach 105
Leis Féin 106
Dusta 107
Geimhreadh 108
An Líne Dheiridh 109

GARBHACHADH
Tonnaí Thoraí 113
Samhradh 114
Seilide 115
An Garraí 116
Soinéad don tSos Lámhaigh, tar éis Sé Mhí 117
Oileán 118
Mochéirí Meithimh 120
Garraíodóir 121
Cruinníonn an Namhaid 122
Slán Go Raibh Tú 123

7

Cromán na gCearc 124
Coinnle Samhna 125
Deireadh Saoire 127
Cumhacht na dTrucailí 128
Suaimhneas 129
Edelweiss 130

AN FHUINNEOG THUAIDH
Sméar Dubh 133
Carrickatine 134
Dul Chun Síneadh 135
Caoirigh Feabhra 137
Glaoch 138
An Frog sa Bhucaeid 139
Ionradh Earraigh 140
Óglach 142
Athrú Datha 144
Cárta Poist chuig T.P.E. Gearmánach 146
Ceist agus Freagra agus Ceist 147
Maidin Sheaca i nDeireadh Fómhair 148
Síniú na Miontuairiscí 149
Clochaois 151
Gorta 152
Taispeántas 153
Tuirseach den Bhás 154
Cailltaisce 155
Imirt Chártaí 157
Na Dialanna 158
Beith 159

GAN FOILSIÚ
Dán Nollag 163
One for Sorrow 165

RÉAMHRÁ

File eisceachtúil is ea Gréagóir Ó Dúill. Ó thosaigh sé ag saothrú na filíochta nach mór daichead bliain ó shin tá *corpus* iontach litríochta curtha ar fáil aige trí mheán na Gaeilge atá éagsúil ar fad le haon rud eile a scríobhadh in Éirinn lena linn. Is de thaisme a tharla cuid de seo ar shlí, de bharr imthoscaí a shaoil, ach ní de thaisme ach de rogha a ghlacann duine chuige uaigneas shaol an fhile agus foruaigneas shaol an fhile Ghaeilge.

Ar na tréithe eisceachtúla arbh fhiú machnamh orthu d'áireoinn iad seo: tá neamhspleáchas polaitíochta ag roinnt leis; file Ultach Gaeilge is ea é, agus ar an imeall dá réir - níor bhain sé le filí Muimhneacha INNTI go háirithe; file Gaeilge Uladh atá in Ó Dúill thairis sin; file Gaeilge is ea é nach bhfuil an bhunchéim, fiú, sa Ghaeilge aige; file intleachtúil is ea é a sheachnaíonn glan an maoithneachas agus a shantaíonn an príobháideachas; téann a phearsantacht agus a phearsanúlacht i gcion ar an léitheoir dá ainneoin féin. Gné eisceachtúil eile is ea na préamhacha atá curtha síos aige i nGaeltacht Thír Chonaill le roinnt blianta anuas mar go gcaitheann sé leath a chuid ama i mBaile Átha Cliath agus an leath eile ar an Ardaigh Bheag. B'fhéidir gur fhág a oiliúint agus a thaithí mar staraí agus mar chartlannaí a rian ar an eisceachtúlacht seo chomh maith sa mhéid is gurb iad an breithiúnas fuarchúiseach, an ghné thuarascálach agus, ag féachaint ar a shaothar trí chéile — mar is féidir leis an léitheoir a dhéanamh leis an rogha dánta seo — an tuiscint d'imeacht ama agus do rithimí nádúrtha an tsaoil na buanna is mó atá i dtreis ina chuid filíochta.

Sa leabhar seo tiomsaítear rogha dánta as cnuasaigh Uí Dhúill go dtí seo ag tosú le *Innilt Bhóthair* (1981); *Cliseadh* (1982); *Dubhthrian* (1985); *Blaoscoileán* (1988); *Crannóg agus Carn* (1991); *Saothrú an Ghoirt* (1994); *GarbhAchadh* (1996) agus *An Fhuinneog Thuaidh* (2000) mar chlabhsúr. Chomh maith leis sin tá dhá dhán eile nár foilsíodh go dtí seo.

Ba é Coiscéim Teoranta a d'fhoilsigh na cnuasaigh as ar tógadh formhór na ndánta atá sa leabhar seo agus tá Cois Life an-bhuíoch de Phádraig Ó Snodaigh, stiúrthóir Coiscéim, as an dea-thoil a léirigh sé nuair a mhíníomar ar theastaigh uainn a dhéanamh sa leabhar seo.

Braithim gur mór an mhaise ar an gcnuasach seo an aiste i mo dhiaidh ó pheann an fhile féin. Ní minic a bhíonn deis ag filí Gaeilge aiste dhírbheathaisnéise mar seo a chur i láthair an phobail agus níl aon amhras ach go bhfeileann sé go binn do chúram an leabhair seo. Cuireadh leagan de i gcló den chéad uair in *An Aimsir Óg* agus tá Cois Life buíoch d'eagarthóir na hirise sin, Micheál Ó Cearúil, as a chúnamh sa chúram seo.

Ar mo shon féin go pearsanta táim fíorbhuíoch go háirithe de Ghréagóir as an gcabhair uile a thug sé dom agus an leabhar seo á chóiriú agam. Mar is gnách táim faoi chomaoin an-mhór ag mo chomhstiúrthóir ar Cois Life, Caoilfhionn Nic Pháidin, as a cuidse oibre air.

Seán Ó Cearnaigh
Cois Life

10

AISTE

Is maith liom an deis a bheith agam scríobh faoi mo chuid filíochta féin, nó is rímhinic mé a bheith ag scríobh faoi fhilíocht daoine eile, nó faoin fhilíocht i gcoitinne agus á teagasc. A bhfuil fúm a rá faoin fhilíocht i gcoitinne, tá sé le léamh ar mo réamhrá ar *Fearann Pinn* agus ar mo rogha de dhánta sa díolaim sin. Maidir le mo chuid féin, is minic a smaoiním ar an dóigh ar cheap Keith Douglas, file a fuair bás i gcogadh Thuaisceart na hAfraice aimsir an dara cogadh dhomhanda, go bhfuil scríobh na filíochta cosúil le dul ar phatról sa ghaineamhlach, gur tábhachtaí cuimhne a bheith agat ar rian do choise ar ais siar ná barúil a bheith agat ar do chúrsa amach romhat. Is mó, ar chaoi, "cad é mar a tháinig mé anseo?" ná "cá bhfuil mo thriall?" Tá freagra ar an chéad cheist ach loighic agus réasún a oibriú, agus níl againn ar an dara ceist ach corrmhéar fhliuch a chur in airde, ag tomhas na gaoithe. Mar a dúirt Molloy Bheckett, níl de rogha againn ach leanstan ar aghaidh. Agus níl de dheireadh ar an leanstan ar aghaidh ach stopadh, tost.

Tá an fhilíocht agus an ceol sa dúchas agam. Ba as Loch Garman do na Dúilligh, agus loisc na Yeos muileann le fear de mo mhuintir i gceantar Ghuaire i 1798 – rud a dtagraím dó i ndán liom, "Plus Ça Change". Ba ar chraobh de chuid an Chonartha a casadh mo sheanmháthair ar athair m'athar, iad beirt sa rang Gaeilge agus sa chór. Luaitear an sean-athair céanna agus a dheartháir, agus a gceathairéad, na Bohemians, trí nó ceithre huaire i gcaitheamh shaothar Joyce. Bhí sí féin, mo sheanmháthair, ina hamhránaí aitheanta gur phós sí. Ba ar ghrúpa ealaíne faoi choimirce an Léigiúin Mhuire, the Marian Arts Guild, a bhunaigh Leon Ó Broin agus Roibeárd Ó Faracháin, a casadh m'athair agus mo mháthair ar a chéile, agus chuir siad tuilleadh aithne ar a chéile i gcór an Dublin Grand Opera Society. Scríobhadh m'athair, a dheirfiúr, Máire, agus mo mháthair, dánta Béarla ar cuireadh cuid acu i gcló ó na tríoch-aidí go dtí na hochtóidí in irisí éagsúla. Ba thábhachtaí sa chlann, ar an dá thaobh, Dúilligh agus Díomasaigh, an guth ná an peann, an ceol ná an dán, méarchlár an phianó ná méarchlár an chlóscríobháin – ach d'athraigh sin, agus foilsíodh leabhair le ceathrar deartháireacha de mo chuid, fadcheirnín le fear eile. Deireadh m'athair nach mbeadh ar a chumas cur suas leis an cheoldráma dá n-éistfeadh sé leis na focail. Ar thaobh mo mháthar, oileadh bean dá haintíní ina hamhránaí i La Scala agus b'uncail di an t-aisteoir coiméide Jimmy O'Dea, ar ghreann focal a chleachtadh sé. Ba léitheoir cíocrach filíochta mo mháthair agus í óg, agus níorbh annamh tagairtí beaga filíochta i gcaint na beirte acu agus mé ag fás aníos, cead póirseála agam trí sheilfeanna troma s'acu d'fhilíocht an Bhéarla ó Shakespeare anonn, Sasanach, Éireannach agus Meiriceánach – agus cnuasaigh le Auden agus MacNeice san áireamh a bhí úrnua, díreach foilsithe nuair a fuair mo mháthair iad. Nuair a bhíodh m'athair ár gcealgadh a chodladh, bhíodh de nós aige corruair sleachta móra fada de "Hiawatha" le Longfellow nó de "Aideen's Grave" Ferguson nó dá mhacasamhail a aithris de ghlanmheabhair.

Chuir an obair ó thuaidh ó na Sceirí é, m'athair, agus leanamar é, mise cúig bliana d'aois - ba chois chladaigh ar an Chionn Bhán i gCo. Aon-trama a d'fhás mé aníos. D'aistríomar ó bhaile a raibh dhá theach pobail agus dhá thábhairne déag ann go baile eile a raibh dhá thábhairne agus dhá eaglais déag ann. Teaghlach deisceartach ar bhaile aontachtúil – tháinig orm cinneadh a dhéanamh cén teanga a d'fhoghlaimeoinn ar an mheánscoil an tráth céanna agus a thosaigh trioblóidí 1956, an rogha agam idir an Ghaeilge agus an Fhraincis. Bhíos deimhin de gurb Éireannach mé sa cheantar Albanach sin, ach ní raibh luí agam leis an ghunna mar bhealach le mo dhifríochtaí le mo chomharsana a réiteach. Bhí roinnt bheag Gaeilge ag m'athair agus ag mo mháthair (ar ndóigh ní raibh oiread agus focal ar an bhunscoil againn) ach ba ghnáth leo í a úsáid ó am go chéile mar theanga rúnda os comhair na bpáistí – "An rachaidh muid isteach go Béal Feirste Dé Sathairn?" "Caithfidh muid péire bróg a cheannacht dó siúd anois agus an geimhreadh chugainn". Rinne seisean bliain den Ghaeilge ar Choláiste Ollscoile Bhaile Átha Cliath agus é óg, chaith sise tamall de bhlianta sa Roinn Talmhaíochta nuair a bhí an Ghaeilge láidir sa státseirbhís agus is cuimhin liom í ag moladh gearrscéalta le Pádraig Ó Conaire agus í á bplé liom lá ab fhaide anonn agus sin ar an dóigh chéanna agus a mhol Stiofán Mac Enna iad – gur bheag eile sa Ghaeilge a thaitneodh le duine a mbeadh Maupassant léite aige. Ar chaoi, is dócha gur leor an méid sin le mé a chur ag roghnú na Gaeilge agus á foghlaim go dícheallach.

Muiris Ó Droighneáin, as Ráth Luirc, a mhúin mé bliain i ndiaidh bliana, ar Choláiste Mhaolmhaodhóg i mBéal Feirste, fear a raibh grá aige do chruinneas agus d'fhorbairt na teanga agus (mar is léir ar a *Thaighde i gComhair Stair Litridheachta na Nua-Ghaedhilge*) tuiscint aige ar an litríocht. Nuair a mhol sé dom oiread ama a chaitheamh i Rann na Feirste agus ab fhéidir, tháinig le mo mhuintir an t-airgead a spáráil chuige sin. Ba i dTeach Mhicí Sheáin Néill Uí Bhaoighill a ba ghnáth liom stopadh, fear mór scéalta agus seanchais, teach a raibh triúr fásta eile ina gcónaí ann, Anna, John agus Bríd, ionas nár tháinig deireadh riamh leis an chaint líofa oilte. Ag deireadh gach samhraidh, d'fhillinn ón "Óige, an Saol Mór agus an Bás" ar m'athair ag cleachtadh an cheoil eaglasta ar an harmóin sa chistin, nó ba eisean a bhí i mbun chór theach an phobail bhig, agus ar mo mháthair ag scríobh litreacha chuig a cairde ó dheas agus thar lear, í crom i gciúineas tráthnóna thar thábla adhmaid na cistine agus an ghrian isteach ar an pháipéar, isteach ar a gruaig.

D'fhéach mé le véarsaí a scríobh i mBéarla i lár mo dhéaga agus ba mhinic a d'aithris mé dánta Gaeilge le filí an chéid ar chlár raidió Liam Mhic Reachtainn, "Guth Aduaidh", rud a chuidigh le mo chluais, ach ba é eagarthóir iris Ghaeilge na mac léinn, Pól Mac Dhuibhinnse, a spreag mé le dánta a scríobh di nuair a bhain mé Ollscoil na Ríona amach. Ba mhó a bhí mé sásta leis an saothar Gaeilge, óir ba mhó (dar liom, an tráth sin) an úire a bhain leis. Bhain solúbthacht mhór leis an teanga seo a bhí seanda mar mheán litearta ach úr agamsa, coimhthíoch stráinséartha ach dúchasach, cinnte, de mo smior féin. Creidim – ní bhíonn an file féin róchinnte i gcónaí – gurb é an saghas seo teag-

13

mhála, nasc den chineál seo atá taobh thiar de mo dhán "Scéal an Fhir Óig". Mheas mé, mar a mheasaim go fóill, gur saoire na macallaí a mhusclaíonn frása Gaeilge ná frása Béarla, gur doimhne an chorraíl a dhéanann sé agus gur mó an spórt a bheith ag saothrú agus ag súgradh le friotal nach mbíonn do leithéid ag dul dó ach go hannamh. Bhí a fhios againn uilig ar an Ollscoil go raibh obair mhaith ar siúl i Scoil an Bhéarla faoi Philip Hobsbaum, ach níorbh shin mo chuidse oibre. Nuair a fuair mo mháthair bás go tobann bhain mé leas as véarsaíocht Ghaeilge chun nach léifeadh an chuid eile den chlann í – mar is gnáth i dteaghlach mór, ba bheag an príobháideachas a bhí ag aon duine. Leis an racht a chur díom, leis an scéal a thaifeadadh – ní gá é a fhoilsiú – agus leis an dorchadas a mhíniú dom féin, trí aidhm a mhaireann tríd mo shaothar uilig. Féach an dán sin a thíolaic mé do Phól, "Céard Gheo-bhad ar Dhán?": ní raibh an lucht féachana chomh tábhachtach sin dom an tráth sin féin, níorbh ealaín phoiblí an fhilíocht Ghaeilge. Tá roinnt de na dánta seo ar mo chéad chnuasach, *Innilt Bhóthair*, 1981, foclach, ar díth saothraithe, gan bua ar bith friotail, gar do leor do mhúnlaí filí eile nó corruair ardaidhmeannach go leor. Ach ba thús iad agus tús áite á thabhairt agam, an tráth sin féin, don íomhá, don tsúil agus don nithiúlacht sin is dual don fhile Gaeilge.

Tá mé ag scríobh seasta go leor ó shin. I gcaitheamh an ama sin, is mó athrú a tháinig ar mo shaol agus ar an tsaol thart timpeall orm. Tháinig forbairt agus claochló ar mo thuiscintí ealaíne, tháinig líonadh agus trá ar m'fhealsúnachtaí sóisialta, cultúrtha, polaitiúla agus eile. Rinne mé staidéar ar chritéir chritice, agus rinne neamhshuim de chuid mhaith díobh. Rinne mé cónaí gar do Bhéal Feirste, i mBaile Átha Cliath, i nGort an Choirce. Phós mé Béalfeirsteach, Cáit Ní Mhuirígh, múinteoir Fraincise, Gaeilge agus Gearmáinise a bhfuil dúil aici i dteangacha agus sa nualitríocht, agus saineolas aici orthu, agus thóg mé clann, a bhfuil an dúil chéanna acu agus teangacha eile acu lena gcois sin. Rinne mé teagasc, (an stair agus an Béarla), d'oibrigh mé mar státseirbhíseach, san earnáil chultúrtha don chuid a ba mhó, agus diaidh ar ndiaidh ba mhó an t-am a thug mé don scríbhneoireacht agus don léann. Cheana

14

féin, ar Ollscoil na Ríona dom, bhí mo spéis ag leathnú amach ón Ghaeilge féin, mar a tuigeadh sin do mhuintir Roinn na Ceiltise, agus lean an leathnú sin ar aghaidh le linn dom mo spéis acadúil a aistriú go stair, go litríocht Bhéarla na hÉireann san naoú aois déag go dtí filíocht na Gaeilge agus an Bhéarla san fhichiú haois. Is sa Ghaeilge, áfach, a bhí mo spéis ariamh. Ba sa stair, ar Ollscoil na Ríona, a rinne mé an bhunchéim agus, ina dhiaidh sin ar Choláiste Ollscoile Átha Cliath, céim an mháistir, agus ba sa litríocht AnglaÉireannach, i Scoil an Bhéarla i Maigh Nuad, a ghnóthaigh mé an dochtúireacht. Tá altanna éagsúla staire agus cartlannaíochta agus liteartha foilsithe agam sna hirisí léannta ach chuir mé tromchuid m'iarrachtaí isteach sa scríbhneoireacht chruthaitheach Ghaeilge. B'in comhthéacs amháin; i gcomhthéacs eile, mhair mé tríd na trioblóidí, ar ais nó ar éigean, i leataobh ón troid ach ní ón tuairisc. Chuala mé na pléascáin, mhothaigh mé miotal gunna i mo láimh agus chuala mé doras an chillín ag dúnadh i mo dhiaidh ach shiúil mé liom.

Tháinig na hathruithe seo, ar thoiligh mé do chuid acu, agus athruithe eile – imeacht na hóige, tréimhsí fada den drochshláinte - agus d'fhág siad a rian ar mo shaothar. Ach lean an saothar i dtólamh – beathaisnéis mhór ar dhuine a raibh, dar liom, tábhacht leis, *Samuel Ferguson – saol agus saothar*, 1993, cnuasach úr filíochta de mo chuid féin gach trí bliana ó foilsíodh *Innilt Bhóthair* ionas go bhfuil ocht gcnuasach i gcló ag Coiscéim, leabhrán de leathchéad leaganacha Béarla a rinne mé ar mo shaothar féin i gcló ag Lapwing Bhéal Feirste, bailiúchán gearrscéalta don ábhar ba dheacair a ionramháil san fhilíocht, (carachtaracht, dialóg agus mar sin), agus eile. Tuairim agus 350 dán a chur mé i gcló le 35 bliain – beag go leor nuair a smaoiníonn tú air ar an dóigh sin, dán in aghaidh na míosa ach an samhradh a ghlacadh saor. Ní mar sin a bhí, ar ndóigh, ach ag teacht ina rabhartaí nó ag fanacht chomh ciúin le coire sléibhe ar feadh na míonna. Pádraig Ó Snodaigh gona chomhlacht Coiscéim is mó a thug uchtach agus slí dom. Tá Alan Titley, Máire Nic Mhaoláin, Seán Ó Cearnaigh, Liam Hodder agus Robert Welch i measc na léirmheastóirí agus lucht critice ar thug a dtuiscint ar mo shaothar

15

léargas úr dom féin agus tuilleadh uchtaigh. Déanaim mo chomhrá faoin fhilíocht go mion minic le mo chara agus mo chomharsa, Cathal Ó Searcaigh, agus tagann méadú ar mo thuiscint dá thairbhe go minic. Braithim, fosta, ó am go chéile, nach liom féin atá mé agus mé i mo shuí os comhair na tine sa chistin i dteach a thóg Eoghan tSeárlaí Mac Amhlaigh ar an Ardaigh Bheag i dtús an chéid seo caite, teach úr a mbíodh cáil an cheoil, an chomhrá agus an tseanchais ar an lánúin óg ann, teach ar rídhócha go mbíodh uaisle Choláiste Uladh (a fosclaíodh taca an ama chéanna i dteach mór trí nó ceithre pháirc ar shiúl) ar cuairt ann, de hÍde, Plunkett, Mac Piarais agus eile. Bím cuíosach cúramach, agus cinnte dá réir, de gach cor dá gcuirim díom sa mheathdhorchadas agus bím sásta gur céim chun tosaigh gach cnuasach.

Bíonn mórthéamaí éagsúla lárnach i mo chuid filíochta ó thréimhse go chéile; áirím ina measc an dúlra, an grá, easláinte agus an pholait-íocht. Ní dhealaím ó chéile iad. Tríd síos an corpus filíochta forbraím m'fhealsúnacht ghlas féin: bainim brí as an timpeallacht aiceanta, (a bhfuilim féin mar chuid de, mo pháirt ag athrú i gcónaí) agus má léitear mo shaothar as a chéile feictear an claonadh sin ag fás ionas go mbíonn gnéithe den bheatha nach daonna ag freagairt do ghnéithe den bheatha dhaonna, mar shiombail, mar mheafair shínte, mar íomhára leanúnach – agus vice versa. Féach, mar shampla, an chaoi a théim ar ais ar na caoirigh a thimpeallaíonn mo theach, ("Cruinníonn an Namhaid" agus eile) a dhíothaíonn mo gharraí agus a fhágann fianaise a dteachta ina ndiaidh iar imeacht dóibh – is ar an chaoi seo a oibrím amach mo bheith féin ar shleas cnoic, ar imeall portaigh, i seanteach ar an Ardaigh, mé ag coilíniú, mé i mo phlandóir, mé i m'Albanach, seal ann, seal ar ais sa phríomhchathair. Féach mar a dhéanaim stailceoir ocrais den fhrog sa bhuicéad, "An Frog sa Bhucaeid", féach mar a fhiafraím an liomsa nó leis an earc luachra an chistin, "Stráinséir". Féach mar is ionann téip chaiséid i sceach aitinne agus bás na Gaeilge, "Téip Cheoil i Sceach Shléibhe". Ach ní sin amháin é – is ann don bheatha nach beatha dhaonna, ní mise amháin atá anseo, agus in amannaí ní bhíonn an file ach ag ceiliúradh, ag móradh an rud is mó ná é féin, ag tabhairt

16

faoi deara mar a bheadh annálaí, ag taifeadadh mar a bheadh cartlannaí cothrom. Is é an t-iniúchadh seo mo ghnósa.

Tá ciall leathan agam don ghrá. Cuimsíonn sé an grá idir fear agus bean, grá do leanaí, do cheantar, do theanga agus cuid mhór eile. Sna dánta grá bíonn an ceiliúradh, an t-iniúchadh, an fiafraí i dtreis. Ní minic an t-ábhar seo a theacht chomh soiléir chun dáin agus a thagann i gcás "Sionnach". Amannaí, cosúil le "Cromán na gCearc" is ar éigean is léir gur dán grá atá ann. Corruair, is uafás a eascraíonn as an ghrá mar nach fada an grá ón eagla go gcaillfear an grá – "An tAm Sin". Agus, ar ndóigh, bíonn an grá ag spreagadh, ag giniúint dánta faoi leanaí (go cliathánach, ar uairibh, nó go díreach féin), faoi dhaoine eile sa teaghlach, faoin teanga, faoin tuaisceart. Mar is minic an grá, an dúlra, an pholaitíocht ag sníomh isteach agus amach ar a chéile, gach ábhar díobh seal mar ábhar, seal mar mhóitíf, seal mar íomhára agus – taobh istigh den aon dán – ag athrú ó cheann amháin go dtín ceann eile. Meascann dán luath le chéile mo bheirt iníon ag súgradh ar thrá (na Sceirí, Co Átha Cliath) le fíochmhaire spéire agus farraige agus le foréigean an tuaiscirt. Sníomhann dán eile siúlóid chladaigh (ar an Chionn Bhán) in éineacht le m'athair agus mo pháistí le huaigneas imirce na ngéanna fiáine agus le dealbh Jim Larkin i lár Shráid Uí Chonaill, ag sluaghadh na cosmhuintire dó. Tá dán eile ann a scríobhadh le bliain nó dhó faoi shiúlóid le leanbh (ar an Charraig Fhionn) agus an seanscéal faoin ruathar is féidir leis na laochra gintlí, na Mic Uí gCorra, a dhéanamh ar Éirinn muna stopann leanbh iad tré fhíor na croise a ghearradh. Ní fada uaim an tubaiste riamh. Tá ciall leathan agam don ghrá, mar a dúirt mé, agus sin bunaithe ar bhean agus clann; agus tá ciall leathan go leor agam don osnádúrthacht, faoi anáil Buddha seal agus Gaia níos minice, ach bunaithe ar an chreideamh inar tógadh mé.

I gcás an ghrá, bíonn cúirtéis an chiúinis á chleachtadh agam – ceann de bhuanna an bhuanghrá is ea an príobháideachas. Cinneann gach file, gach ealaíontóir, ar an fhráma a chuireann sé thart ar a fhriotal, ar an talamh a roghnaíonn sé a roinnt leis an léitheoir. Ní osclaím gach cúinne de mo shaol amach. Coinním smacht ar íomhára an ghrá mar a choinním, scaití, ar dhéine nó ar phian. Féach "Don Léitheoir". Ar an dóigh chéanna, is maith liom mar a choinnigh mé guaim áirithe orm féin agus ar an dán i gcaitheamh thríocha bliain na dtrioblóidí. Bíodh an fhírinne searbh nó garbh, is í bunús an chaidrimh idir fhearaibh í fosta agus dá réir sin is mithid don fhile coinneáil i gcuimhne nach ionann gob pinn agus béal claímh. Tuigim do chrá Yeats, agus é ag fiafraí de féin ar dhráma leis fein a spreag "certain men the English shot". Mar sin féin, admhaím go bhfuil fírinne sa mhéid a dúirt Ted Hughes faoi "the progress of any writer is marked by those moments when he manages to outwit his own inner police system". Is é an ball dearg ar an bhindealán a thaispeánann nach leor an ceangal. Ní chaithfidh an file gach céadfa, gach acmhainn ann féin a chur as a riocht chun gur mó a rachaidh sé i bhfeidhm ar an léitheoir. Ní chaithfidh, nó tá dóthain péine sa saol mar atá agus is leor é a thaifeadadh go hionraice. Chun filleadh arís ar Joyce, measaim gur i dtreo na síochána gach eipifeáine ceart – ní geit ach soilsiú a iarraimid. Níl i miotas Rimbaud agus Baudelaire agus Van Gogh agus Plath ach bealach amháin leis an ealaín a chleachtadh, le tóraíocht a dhéanamh ar an fhírinne. Seans go mbíodh gá leis, tráth cheannas na meánaicme measúla. Ach ní hamhlaidh don tsaol anois.

Is gnáth, i ngach dán, go mbím ag iarraidh rud faoi leith a chíoradh, a scagadh, a insint, cé nach gnáth go mbíonn éisteoir nó dream léitheoirí faoi leith ar aigne agam. Bíonn an rud sin soiléir go leor dom féin ó thús – ní hé go scríobhaim mé féin isteach san ábhar, ach go mbíonn an t-ábhar soiléir go leor os mo chomhair agus go mbím ag iarraidh é a bhaint amach, a chuimsiú, é a shroichint. Ní hionann é a bheith soiléir go leor agus gach céim, gach nasc a bheith soiléir, réamhphrógram-áilte go loighciúil – is sampla "Imirt Chártaí" de dhán ina dtagann an réiteach, an fhuascailt, chun soiléire mar chasadh de réir mar a théimid (mise, file agus tusa, léitheoir, araon) isteach sa téacs. Is mó de sin atá ag tarlú i mo shaothar de réir mar a théann an t-am isteach. De thairbhe gurb é mo nós – toradh m'oiliúna mar staraí agus mar

18

chartlannaí – dánta a chur i gcló in ord a scríofa, (iad sin a bhfuil mé sásta iad a chnuasach), tarlaíonn amannaí gurb ionann agus saothrú agus athshaothrú ar bhunmheafar nó ar líne smaointe a thagann i ndiaidh a chéile – na caoirigh sin, an tinneas, na trioblóidí, an grá. Sraith aontaithe atá sa chéad deich ndán sa bhailiúchán *Crannóg agus Carn*, 1991. Bím ag fáscadh an ábhair go bhfaighim ceart é, nó go dtarraingíonn ábhar eile ar threo úr mé. Is ag caint liom féin, ag machnamh agus ag meabhrú – nó ag mallachtaigh leis na spéartha nó leis na linnte fearthainne – is mó a bhím, seachas a bheith ag insint rud éigin do dhuine nó do dhream. Ní féidir leis an fhile Gaeilge a bheith cinnte den éisteoir, den lucht léite ar a bhuntéacs Gaeilge, agus má leanann frustrachas agus uaigneas de sin leanann saoirse iontach de fosta. Nó bíonn cathú áirithe ar an ealaíontóir a dtugtar aird mhór ar a earra dul ar aghaidh ag táirgeadh an earra sin.

Cinnte, déanaimid cumarsáid. Is duine mise den dream a leanann agus a léann go dian cúramach saothar mo chomhfhilí, nó roinnt díobh ar scor ar bith, de réir mar a thagann sé amach. Táthar ann, idir fhilí agus eile, a léann mo chuidse. Tá dioscúrsa ar siúl, gach duine ag foilsiú a thuairimí, ag forbairt a cheirde, ag smaoineamh, le linn dó scríobh, ar a bhfuil á dhéanamh ag a chomhfhilí agus ní sa Ghaeilge amháin. Le fiche bliain agus breis tá obair rialta déanta agam mar dhuine de léirmheastóirí filíochta nuachtán agus irisí éagsúla. Is minice, anois, a theagascaim nó a bhím i mbun ceardlainne – bainim taitneamh as mo dhualgais mar fhile cónaitheach i dTeach na hÉigse ar an Fhál Carrach, ag cuidiú le múineadh cúrsa MA i gcumadh na filíochta, an t-aon cheann in Éirinn; bíonn dualgais eile eagarthóireachta, moltóireachta agus léirmheastóir-eachta orm go fóill a choinníonn go dlúth le téacs mé. Níl ciall agam diomaite de sin de phobal léitheoirí a bheith agam. Is mó is daoine indibhidiúla a bhraithim nó a shamhlaím, mo dhán os a gcomhair, muid ag cur aithne ar a chéile. Scríobhaim corrdhán ócáidiúil don teaghlach, nó do mhuintir an Tuaiscirt – caoineadh, is minice. Ach is dom féin is mó a scríobhaim.

Mar sin féin tá a fhios agam (agus glacaim leis) gur lú is féidir liomsa ná le go leor filí eile bheith cinnte den léamh, den fhreagra ar mo scairt, den leathbhádóir cumarsáide, den chéile rince, agus tá cúiseanna éagsúla leis sin – gur fhorbair mé mo cheird agus mé go fóill i mo státseirbhíseach ceann díobh, gan fonn nó scileanna poiblíochta, gan gréasán cothaitheach cairdeasa. Agus mar fhear meánaosta, ar mheánairde, sa mheánaicme, pósta agus measartha ceartchreidmheach agus du moyen sensibilité ní thagaim le ciall an chartúnaí de charachtar an fhile. Bíonn an file ar thóir na fírinne ach bíonn an cartúnaí ag lorg íomhá simplí a théann i bhfeidhm láithreach ar oiread daoine agus is féidir – ní hionann an dá chuspóir. Sa Tuaisceart, áit ar thosaigh mé, níl aon chur i gcéill ann faoin Ghaeilge a bheith mar theanga oifigiúil phobail, mar mheán ealaíne atá ar eolas ag na sluaite nó faoi mheas ag an bhunaíocht, agus bíonn a rífhios ag an fhile gur teanga rúnda atá á chleachtadh aige féin. Sin an tuige nach dtéann na filí (Séamus Ó Néill, Brian Ó Maoileoin, Diarmuid Ó Doibhlin, Réamonn Ó Muireadhaigh, Pádraig Ó Croiligh, Cathal Póirtéir) thar an chúpla cnuasach: níl aon aischothú le fáil acu óna muintir féin. Go fiú taobh ó dheas den teorainn, is soiléir don tuaisceartach go bhfuil níos mó de chur i gcéill faoin Ghaeilge ná de chur i bhfocail agus go bhfuil staid na Gaeilge sa Ghaeltacht i measc an chur i gcéill sin. Ní hionann miotas, thuaidh agus theas. Níl mórán de chothú le fáil ag an fhile Ultach.

Féachaim (an tréith Ultach í, nó toradh ar thaithí na teanga féin le trí chéad bliain?) leis an teibíocht a sheachaint, nó lena míniú go nithiúil, agus leis an íomhá shúl a chleachtadh seachas an íomhá a bhíonn bunaithe ar chéadfaí eile, an chluas mar shampla. Ní gnáth a chur i leith chanúint an tuaiscirt gurb í is ceolmhaire de chanúintí na teanga agus ní hé bua an cheoil an gad is goire don scornach againn. Déanaim súgradh leis an fhuaim minic go leor – éist leis na línte as "Ardens Sed Virens", dán luath, a mhaíonn gurb ionann bás na dtrioblóidí agus bás na dtrinsí: "Airiú an trua uaithne uainn/ glaise an fhéir ceilte ar ár bPaiseandúil" - agus leis an fhoirm níos minice – amharc mar shampla an dán luath eile "Cé Dúirt?" a mheascann téacsanna meánaoiseacha le téacs

20

de mo chuid féin ina pastiche. Tá an grá don síneadh fada mar thréith choitianta i measc an chuid is mó d'fhoghlaimeoirí na teanga. Oireann fad agus leagan an "trí rainn agus amhrán" agus an tsoinéid don chineál de mhachnamh a dhéanaim i bhfoirm dáin go minic ach ní chloím leis na rialacha go docht. Féach mar shampla "Soinéad don tSos Lámhaigh tar éis Sé Mhí". Is mar uirlis aigne, mar fhriotal beacht iniúchta agus deiscríofa (i measc a buanna agus a fuincsean eile), is mar sin is mó a chím agus a chleachtaim an fhilíocht. Tá níos mó sa tsaol ná an nithiúlacht choincréideach ach ní miste dúshraith cheart a leagan nó beidh clábar go glúin. Is minic an t-ábhar, an cheist a bheith teibí ach ní féidir tabhairt faoin iniúchadh, faoin taighde, faoin fhiafraí, faoin cheapadh gan uirlisí – peann, páipéar, bord, solas, teanga, tagairtí, am, foighne, tost, ráillí na loighice, mionphléascáin na g*correspondence*, cluas le héisteacht, méar don rithim, ionracas aigne, an madra gona scáil agus, má deirim é, clár agus táirní.

Nuair a luaim an nithiúlacht ní hé atá i gceist agam gurb é an bloc straighne ábhar an dáin i gcónaí. Is mó a chiallaím an rud faoi leith, an tréith shainiúil, an snáth sa bhreacán, an fhuil sa bháisín uisce sula scaipeann, sula dtréigeann sé. Féachaim leis na comhábhair a scagadh. Agus de thairbhe nach fear mór eolaíochta mé, agus in ainneoin gurb olc an chuigeann ním, scagaim na comhábhair le soinéad seachas le sorcóir. Mar a dhéanann an taighdeoir, ligim don tsamhlaíocht léim a ghearradh thar bearna sa loighic go minic. Féach an líne dheireanach, arís, de "Soinéad don tSos Lámhaigh tar éis Sé Mhí" ina dtugaim le fios gur dumpáil na n-arm ceimiceach i Sruth na Maoile a chuir nimh i mo ghlúinse de shnámhaithe óga Ultacha. Féach an chaoi a ndéantar bothán i gcampa géibhinn den teach i "Cárta Poist do T.P.E. Gearmánach". Féach mar a thugaim beatha do na tarracóirí agus do na trucailí, iad ag obair ar bhóthar an phortaigh. De ghnáth is obair atá ar siúl, deiscríobh, cuntas, tuairisc, dathú, taifeadadh agus bosca mór trom uirlisí an fhile agam le jab a dhéanamh, ní le hiontais agus míorúiltí agus ceo mistéireach bréagCheilteach MacPherson/Yeats/Graves nó eile a dhéanamh - ach chun toisí agus taisí na beatha a mhiosúráil. Nó

21

go minic toisí agus taisí an bháis. Is nithiúla i bhfad an bás ná an bheatha agus oireann an scéal faoi Dhónall Ó Conaill agus an chuileog i mbéal an chorpáin go filiúnta don scríbhneoir Gaeilge. Tá bás na teanga chomh gar sin dúinn uilig (go háirithe muide a chaitheann cuid mhór ama sa Ghaeltacht) gur deacair éalú óna thionchar agus muid ag cumadóireacht. Claochló tobann a tháinig ar luachanna eile fá raibh mo shean roimh éag do Chríost, aontú na hÉireann ina measc. Casadh orm oifigeach Gearmánach uair agus d'fhiafraigh mé de, faoi mar is nós linn, cérbh as dó. Ba é a fhreagra "An Phrúis taobh thoir den Phrúis" – an chuid nach raibh san OirGhearmáin, ná sa Pholainn ach sa Rúis agus gur ghá dearmad a dhéanamh de. Ní chreidim go bhfuil áit dhúchais agam ach mo chraiceann, tírdhreach dhúchais ach mo shamhlaíocht; tagaim i dtír ar an chaill. "T'anam chun an diabhail / gan ach adhmad fút" mar a deir an mháthair san amhrán faoin dóigh a bhfuilimid.

An pholaitíocht a bhíonn mar ábhar agus mar spreagadh ag mo chuid filíochta, baineann an chuid is mó de le cúrsaí an tuaiscirt agus le m'imeacht ón chúige sin. Ón tús – abair "Machnamh ar Cheist Phráinneach" agus "Kenilworth Square" – go dtí an machnamh eaglach ar phróiseas na síochána, "Fuascailt Beiche" nó "Soinéad don tSos Lámhaigh", "Giorria", meabhraím a bhfuil ag titim amach ó rinneadh fear díom, ó rinneadh file díom. Caoinim óglaigh agus iar-óglaigh, Seán Downes agus David Nocker, póilíní – Michael Williams – agus saighdiúirí agus sibhialtaigh. Uaireanta, cuirim an íomhá as a riocht mar go bhfuil an scéal féin chomh huafásach sin – "Checkpoint Charlie" mar shampla. Go minic ní léir ar an chéad amharc gur dán faoi na trioblóidí atá ann ar chor ar bith ach go bhfuil siad chomh láidir sin sa timpeallacht chruthaitheach go gcaithfidh siad teacht isteach – "Dubhghall", an dán a roghnaigh Éigse Éireann i measc 100 dán don fhichiú aois dá ndíolaim *Watching the River Flow* (2000), nó "Blaoscoileán" a bhfuil cosúlacht air gur dán in ómós do scríbhneoirí an Bhlascaoid é. Seoladh an cnuasach *GarbhAchadh* (1996) in ionad pobail an cheantair sin nuair a bhí sé faoi léigear nó ní hionann saoirse ealaíontóra agus iománaí ar an chlaí a dhéanamh den fhile. Maidir le cúrsaí sóisialta, leis an deighilt idir chlé agus dheas, is lú is gníomhaíocht gheilleagrach an fhilíocht Ghaeilge ná aon ghníomhaíocht eile atá ar eolas agam. Ní hé an t-aon phointe comparáide idir sagart agus file é go bhfuil an bheirt acu ag cur go gairmiúil in éadan na sainte agus i leith luachanna a chaitheann a bheith naimhdeach don ábharachas agus báúil don bhráithreachas. Gluaisim liom ar an bhruach chlé i gcónaí agus tá sin le léamh.

Ní stopann an pholaitíocht leis an teorainn, ar ndóigh, ná leis an chladach, ná le ponc amháin san am. Cuireadh mo dhán beag "Gorta" i gcló ar an leabhar "Poets for Africa" tráth anró agus anáis as an choitiantacht. Bhí dreamanna eile ann a d'úsáid mo chaoineadh ar Ken Saro Wiwa, "Coinnle Samhna" ar mhaithe le cearta sibhialta – dán ina bhféachaim le caoineadh a chumadh, ní ar an tseandóigh ach le macallaí den tseandóigh, le ritheanna agus athrá agus sruth d'íomhánna beaga ag snagaíl. Briseann an fhearg amach i ndán faoin chóiriú deas a rinneadh ar theach na mbocht, Dún Fionnachaidh, mar ionad oidhreachta agus ealaíne, aoir nach nós liom sa dán "Taispeántas". Rinneadh mionscagadh in iris liteartha Chumannach sa Róimh ar mo dhán "An Frog sa Bhucaeid". Bíonn an stair ina ábhar ach is minice ag tabhairt íomhánna dom í, na meafair agus na hinsintí i ndánta móra faoin Déan Swift, faoin teanga Ghaeilge, agus eile, sa chnuasach *Cliseadh* agus cuid mhór de na tagairtí ó shin, roinnt acu as stair na hÉireann ach cuid eile as stair thíortha eile ar fud an domhain. Is d'aon ghnó a fhím an lá atá thart leis an lá atá inniu ann, nó níl a sáith nirt ag an teanga mar mheán ealaíne sa lá atá inniu ann agus is féidir cabhair na sean a iarraidh chun cuid den chaill a chothromú. Tá a fhios agam gur measa atá an stair, mar ábhar scoile, ag seasamh ná mar atá an Ghaeilge, ach fuaireas féin oiliúint de chineál faoi leith agus is aisti sin a chaithfidh mé féin tarraingt. Dhá arm aigne an dá theanga, ba ghnáth a rá, ach is arm eile agam féin an t-am, agus nach scátálaim ar oighear ach go dtumaim agus go snámhaim i sruthanna éagsúla an ama. Is amhlaidh is mó is gá dom óir scríobhaim d'aon ghnó go meafarach, il-leibhéalach, srutha éagsúla den fhaisnéis, den loighic, den cheol, den mhothúchán, de chéadfaí éagsúla na braithstinte ag bualadh agus ag ceol agus ag fiafraí le chéile agus dá chéile.

Tá sé deacair a rá, faoi mar a thug mé le fios ag an tús, cá bhfuil mo
thriall. Le comhair a bheith deich mbliana, ó d'fhág mé an státseirbhís
agus ó fuair mé teach sa Ghaeltacht, chuir mé iarracht bhreise isteach
sa cheol sa líne, sa dán; i gcaitheamh an ama chéanna chuir mé barr
feabhais ar mo nasc leis an tsaol aiceanta, le saol an dúlra thart orm;
agus d'fhéach mé le caolchúis bhreise a chur le cuid den íomhára. Trí
chnuasach a tháinig as sin. Mothaím le tamall go bhfuil athrú le teacht,
athrú eile le cur agam ar mo chúrsaí. Fiafraíonn duine de féin cén treo
as ar tháinig sé. Ach níl aon éalú ar an cheist eile, buncheist na beatha,
"Cá bhfuil mo thriall?". Ní féidir seasamh san áit amháin rófhada ar
thalamh bog sléibhe. Leathnú agus treo úr is mó a theastaíonn uaim
anois. Le tamall, thosaigh mé ag teagasc na filíochta, idir shaothar na
bhfilí aitheanta agus cheardlanna d'ábhair filí – tré Bhéarla. Thosaigh
mé ag gabháil do Ghàidhlig na hAlban agus ag leanstan cúrsaí Fraincise.
Níl an dán in aghaidh na míosa ag dul ar pháipéar a thuilleadh. Bhí
tréimhsí ciúine ann roimhe, ach seo ceann a bhfuil mo thoil leis.

Is spéis liom oiread agus is léir Liam Ó Muirthile, Tomás Mac Síomóin
agus Gabriel Rosenstock a bheith ag brath ar theangacha agus ar
chultúir eile le tamall de bhlianta, gan trácht ar Mhicheál Ó Siadhail.
Is féidir gurb é an rud céanna atá ag tarlú dom féin, anois agus an teas
ag imeacht as m'ábhar mór. Is cinnte, ar scor ar bith, agus fás agus
scaipeadh ar an chlann, go bhfuilimse ag amharc amach ar an fhuinneog
arís, ag fanacht le hearrach, ag smaoineamh ar thaisteal a dhéanamh in
eitleán nó i m'aigne. Bheith sásta leis an aigne neamhscríofa nó friotal
eile a chur ar an choipeadh. Níl a fhios agam.

Gréagóir Ó Dúill

INNILT BHÓTHAIR

Cé Dúirt ?

Breacadh páir faoi cheiliúr éan
Íocshláinte anama ag manach séimh,
Nár bhraith ariamh ar pháirc an áir
Cioth fola, glóraíl chág.

Cleasa cait le mionluch
Tóir fealsaimh ar a fhís;
Ultach adúirt,
A chleachtaíodh claíomh roimh dhul le scríobh.

An Rí mura mbí fá do chroí,
Sa Róimh féin ní bhfaighidh tú síth;
Colm Dhoire adúirt,
Le cuimhne catha, ar Oileán Í.

Mise Éire

Mise Éire
Sine mé ná peaca Cháin.
Mór mo ghlóir
Ceithre arm in éide catha.
Mór mo náir
Gall-trumpaí bruíne i ngort an arbhair.
Mise Éire
Uaigní mé ná bád, béal faoi.

Imirce

Aduaidh mar nathair an traein,
Anuas de dhroim shléibhe;
Dornta dúnta na Múdhorn anois ar mo chúl,
Clár leisciúil Laighean ag leathadh romham.

Bás an othair, is críoch é le banaltracht;
Minic a fhuáileann súile deordhalla
Snáithín faoisimh i dtaiséadach.
Ní cumha amháin atá orm, ag tréigbheáil mo mhuintire.

Nuair a coisceadh a cháineadh, le feagacha locha
A labhaireadh an Déan buileach.
Ag méarú *an Chúilfhionn* ar fheadóg stáin
A chaithim mo laethe teoranta.

Turas Luaimh

Teann teann tinneallach na cordaí,
Seol beo ramhar, broinn throm ratha,
Cuaráin chúir, pailmeacha ómóis inár mbealach,
Daoscar-shlua faoileán inár ndiaidh ag liúrigh;
Dumhcha deacra do ghrásta ar gcíle ní heol.

Gnás neafaiseach (ortha gan chreidiúint)
Dorú fada, duáin mhóra, cleití bána;
Ach inniu, airgead tobann éisc,
Righníonn ruainne.

Ar deic, níl solas i ngainní éisc,
Is ciotach a n-iomrascáil.
Faoi chumhdach ciseáin a chaithim na baoth-aspail,
Is ním mo lámha.

Cad É Fómhar?

Cad é fómhar?
Feo duilleog, tuar glórdhaite geimhridh,
Imeacht éan, rinn saighid de ghéanna,
Nó gealach i gceo?
Chan ea, mar is sa chathair dom.
Is é an fómhar
Soilse dearga scaipthe
Tré ghalfhuinneoig bus
Is na deora léi.

Faire

Na préacháin dubha ar ghéaga na leamhan,
Is foighdeach a nglór seanaosta, foighdeach a bhfaire.
I leataobh ní bhogann a choíche, gí corrach a suan.
Foghlaimím uathu, crochaim mo cheann níos doichte
Idir mo dhá ghualainn, fanaim.

Fanaim lena mbua, le mo dheargdhíomua,
Gan aird agam mórán ar bhun cleite, bharr cleite,
Ach m'aigne i ngreim, mo ghreim doscaoilte,

Is duillí na soicindí thart orm ag séideadh,

Mairim.

Teoiric Chomhcheilge

Oícheanta, codladh uaim,
Domlas caifé nó réamhaiseag póite im bhéal
Fásann i mo thimpeall (aithrí mo chré)
Fiailí mo mhionteipíní
(Deargann sa doircheacht na teipíní)
Is slogtar mé
(Ag geonaíl roimh shúile dearga)
Ag uamhan foraise.

Ansin agaibh anois bhur mian, a bhúra,
Mé coillte,
Ag luascadh ar fhriofac bhur suaimhneán,
Oícheanta, codladh uaim,
Domlas caife nó réamhaiseag póite im bhéal ....

CLISEADH

Sionnach ar Bhóthar Maidine

Sionnach ar bhóthar maidine, marbh:
Diomaite dá dhathú de bhodhránacht lae,
De fhómhar beithe,
Ní raibh ann ach cat, francach, madra,
Caite cois claí ag rotha neafaiseacha.
Níor léir ionathair, inchinn ná fuil,
Níor baineadh ach an dochar, an drochbhraon as.
Ach ina bhladhaire fionnaidh bhí fós beatha,
Ina chrot corráin bhí fós contúirt.

Céad slat eile, searradh guaillí,
Ábhar eile comhrá, chonaiceamar ina lasair mhall,
Ag gluaiseacht amhail eilite, amhail nathrach
Ar mhala fhraoigh, a chéile sionnaigh:
Boladh an mhairbh go góill ina gaosán, d'iompaigh sí,
Stán nóiméad fada ar an charr dearg.
D'ardaíomar fuinneoga gan focal.
Ach fá chnoic a thug sí a cumha
Gan a agairt orainn.

Tonn Ghruaime

Agus rudaí mar atá le tamall
Chan fhuil m'inchinn a dhíth orm –
Shocraíos ar a cur i dtaisce,
Ar eagla amas Lochlannach.

Shaiprigh mé go néata í isteach
I bpróca trom poitigéara
Is chuireas í go fáilí
Ar sheilf ard, ar chúl feistis an chíste Nollag.
Beidh slán go geimhreadh.

Ach lá de laethe fada mearbhaill an tsamhraidh seo
Bogaim don iníon óg stól ard cistine
Go bhfaighidh sí féin a hábhar súgartha:
Ábhar císte Nollag.

Leagtar mo phrócasa, bristear blaosc gloine,
Imíonn m'inchinn ina hairgead beo ar fud an urláir,
Téid mirlíní móra luachmhara poll luchóige síos.

Fuil go tobann le mo shrón,
Goirt ar an leiceann a scríobadh
Ag rasúr creathach ar maidin.

Ceacht

Ar siúlóid airdeallach
M'athair is mé féin
Is ceathrar leanbh liom
Fá chósta mo cheantair dhúchais –
An baile beag Gallda dubh ar tógadh ann mé.

B'in acusan na big
An chéad uair dóibh géanna fiáine a fheiceáil –
Saighead ard mhíchothrom ag eitilt aduaidh.

Arsan leanbh:
"Tuige an caoineadh sin sciathán?"
Imeacht ó thuaisceart, ráithe na fuachta,
Is leordhóthain sin d'olagón, do bhualadh bos.
Caoineadh béil, a thaisce, tá fhios agat,
Is béalchráifeacht, is beag is fiú.
Ach cuimhnigh ar Larkin, lár Shráid Uí Chonaill,
An caoineadh ar caoineadh ar sluaghadh –
Déantar sin le sciatháin.

Fáisceadh, bualadh, caoineadh –
Sciatháin a dhéanann ceart:
Mura dtug tú leat, a ghirseach,
De dhúchas Ultach ach an méid sin,
Tá leat, a stór.

Bairneach

Greim bairní bhí agam,
Ar bhalla farraige an chuain –
Tonntracha is aer, sáile is báisteach
Ba chairde liom.
'Fhios agam, cibé aimsir thiocfadh,
Gur shábháilte sa chuan mo chuid,
Go mairfeadh daingean an greim.

Gur tháinig gan choinne
Buille leataobhach
De chloich i ndorn páistiúil na cinniúna
Nach raibh ionam seasamh ina éadan.

Agus sáitheadh tríom an duán
Gur tháinig an friofac amach tríd
Agus crochadh mar bhaoite mé
I sáile an chuain.

Ní ní liom mo chríoch
Ach an t-amhras
Go meallfaidh a ndúil ionam mo chuid.

DUBHTHRIAN

Non Serviam

Tá an abhlann bhán róthirim
Mar ghaineamh le mo theanga, nó salann.

Tá an duilliúr glas róthrom
Dom mhúchadh mar thoit i dtábhairne.

Tá an aibíd dhonn rósheasc
An grá ina dhuilleog fheoite.

Tá do chorp ar an chrois rocham:
Mála scoile is leorualach fos ar mo ghualainn gheal.

Stowaway

In athuair arís, instealltar
Na scamaill bhána chadáis
Isteach i mbaic mo mhuiníl, suas isteach sa bhlaosc,
Is a Mhuire, cár imigh uaim mo chumas, mo chéadfaí?

Mé tinn tréithlag, sleamhnaíonn uaim an obair
Is caithim uair gan smaoineamh,
Mo shúile ag féachaint isteach ar an chadás bhán,
Rosc gan imreasc, *terra incognita* ag stánadh dall,
Féitheanna fola mar rianta ar léarscáil uamhain.

Táim múchta, *tarpaulin* salach fáiscthe faoi mo cheann
Boladh an éisc lofa ag iompú mo ghoile
Lá ina lann le súile má ardaím canbhás.

Tiocfaidh an lá a dtiocfaidh siad orm
Nó a gcuirfidh an t-ocras mé os comhair an chaiftín, méar le glib.
Idir dhá linn tá broinn an bháid sách mór dom
Is ó d'fholmhaigh mo ghoile is compord éigin an luascadh.

I gCuimhne ar Sheán Downes

An ghrian thiar ar a gogaide, ag cleiteáil,
Seál dubhach de néalta ar a guaillí.

Loch glas i lár coille, tús fómhair.
Trén uisce, súilíní aeir
Ag snámh aníos ón ghrinneall dhuilleogach
Chun pléascaontú le hatmaisféar.
Deora fearthainne ag fáinnephósadh an uisce.

Piléar, nó píléir, muc dhubh féin
Ní dhéanfaidh fál teorann.

Siúlóid Chriostail

Sliabh, lá geimhridh,
Luaithreach dubh fhómhar na lasrach
Breac le pócaí úra sneachta, clár cnocach fichille.
Aer ciúin mar leac oighre le leiceann.
Tada ag corraíl
Ach brógaí sléibhe de rithim láidir
Ag gabháil Slí Cualann
Agus cú ina choileán fá shála ag súgradh.

Cúl le cathair, tiomáinim ó dheas,
Trí scór míle idir mé is machaire;
Mura bhfuil i ndán go ndreapaim an Log
Is iomaí fána, aird, cuas is gleanntán
A shroichfeas, a shiúlfas is a fhágfas mé
Roimh thitim na hoíche ar an chriostal seo de lá.

I gCuimhne 75,000 Éireannach

Amhail francaigh as draenacha an bhaile sinn, tús tuile,
Miasma mhustaird ag líonadh aníos as na trínsí,
Oifigigh óga ár ngríosadh nocht ar aghaidh
Faoi mhiotal mire sliogán is meaisínghunnaí.

Málaí aimhréiteacha *khaki* i bpoll,
Éadaí ar crochadh de shreanga an Luain,
Screadaíl bhuile mar fhuil airtéire ag pumpáil de stumpa
(Ach gur faide a mhaireann) —
Bog róbhog ár gcraiceann geal faoi éigean cruach.

Is iadsan a thiocfaidh amárach, le gás lofa scamhán, masc is
baignéid.
Ní dócha go stopfaidh an tsreang iad fá raon raidhfle.
Ná fiafraigh an gá, an cóir –
Justitia a cheapann na ginearáil, an bhitseach chaoch.

Maidin amárach, tréigim an láthair bhradach seo.
Ag na francaigh a fhágaim corp m'oifigigh óig,
Béal úr ina éadan le hamadáin a mhealladh,
Tríú súil ar an chlár mhín le raon is uillinn a thomhais go beacht,
Ábhar a choirp do tine Chásca, don aiséirí.

Fanfad anseo ar an Mhór-roinn
Caillte ach beo,
Bodhar ar chloig an oileáin thiar.
Mar fhrancach a mhairfeas mé.

Scannán Cogaidh

Im cheamara, suím ciúin, mo lionsaí ag bailiú íomhánna,
Aghaidh mo charad liath faoin ghriandó.

Soir siar a chaitheann an phian a aghaidh,
Deora an allais mar chomhdhlúthú anála ar na bulcaidí,
Giolla i gculaith faoi phráinn, cuid eile ag feitheamh.

Os a chionn tá scáileán,
Rian leictreonach ag léiriú
Chuisle lag an fhomhuireáin, gan aer, i sáinn,
Buille bearnach ag tuirbíní.

Ciorclaíonn na scriosairí, cúr lena mbéal
Ag fanacht le hola dhéanach nó le raic.

Taifeadann an ceamara ciúnas chaiftín an Ubháid,
Súile gach aoin air go gcruinní sé neart, go gceapa seift.

BLAOSCOILEÁN

Gan Teideal

Chím lándaite ar scáileán mo theilifiseáin
Col ceathrar mo mhná céile
Is é faoi bhlaincéad sínte sa ghruaimhín
Piléir an fhuatha ina bhlaosc istigh.

Lámh leis ag síneadh ó bhlaincéad na bpéas
Bos in airde, méara spréite
Crann na beatha á léamh gan mhothú
Ag spéir ghlasliath thús an gheimhridh.

Tá mí ó dhiúltaigh sé ardú céime
Is d'fhan ainneoin gearáin mhná
Sa cheantar shábháilte ar bheagán pá –
An tortóg bheag is an t-urchar.

Deich mbliana ó shin, ina dhéagóir dó
Coilm a bhatrála gan cneasú ar a éadan,
Tugadh dó .45 a d'imigh as feidhm i gcíréibeacha 1886
Lena iompar ag baracáid chosanta.

Gabhadh é, meirg i seilbh méirligh
Is ciontaíodh. Ballraíocht d'ógánaigh an pharóiste a choir.

Ó fuasclaíodh é, tada ar a aire
Ach óglachas an ólacháin, gluaiseacht na gcailíní,
Ansin obair is bean
Ansin teach is clann.
Sa Ghaeilg nó fán Ghulag níor labhair sé riamh.
Ach luaigh sé liom an Kardex.

51

An mhéar a stop ag a ainm san innéacs
An mhéar a tharraing an truicear, trí orlach óna chluais
An mhéar a ghearr a scornach i modh grinn ar chlos a ainme
An mhéar le béal nuair a pléadh a bhás sa taxi dhubh
An ordóg i mbéal na giallchine, á suaimhniú:
B'in a roinnt de láimh dhearg Uladh.

Don Chonstábla Taca Michael Williams

Amharcann tú orm as páipéar na maidine,
D'aghaidh óg oifigiúil, leathmheangadh ar do bhéal,
Fiaradh beag Piarsach ar do shúil.

Is léir nár shócúil thú faoi
Mhéar in airde an ghrianghrafadóra, ag éisteacht a dheabhaidh.
Sin díreach mar atá mo phictiúr féin, ar chomhad.

Lacht forbartha na tíre do fhuil, dar leo,
Ceimiceáin ag claochló cúige,
Prionta deimhnitheach i linn ghlan ghlé.

Maidin lae choille, meán oíche scoite,
Do chorp is do chabhail is do chloigeann siabtha,
Mugshot eile don chomhad.

I dtús do scóir faoi bhláth do chliabh a scaipeadh;
Mó scór faoi bhláth ar fhaire ghoirt gan bodhránacht.

Redshanks

Táimid i nDún Aengusa an chultúir,
Chevaux de frise in aghaidh ionsaí gáis,
Ballaí a bhí cliste sular smaoiníodh ar mhoirtéal,
Gan aon chéim siar nach gcaillfí sinn san Aigéan Thiar.

Bhí tráth ar chreachamar an Róimh,
Tráth ba dhéanaí Glaschú beag 'dul ina lasair,
Tráth arís athadhaint na tine beo á maíomh againn:
Ach tá duilleoga ár gclaimhte ag titim de bheith.

Iarmhairt ár gcultúir faoi sholas is faoi ghradam
Faoi leac ghloine, faoi chomaoin bainc, in Kildare Street
Ach an teanga ag imeacht den aill, a clann
I ndóchas laftán na gcág dearghchosach seal gearr eile.

Conradh Ceilteach

Eachdhroim nó Cúil Iodair,
Is a liacht sin ár orainn –
Fós seasaimid i líne ag cúntar na staire
Ag argóint fánár gceart do láimh dheas an phrionsa mhaide,
Sciath an ghaelachais mar dhídean,
Gáir na teanga ar ár mbéal sa chomhrá Béarla,
Round i ndiaidh *round* ár bpolladh,
Claíomh mór ag déanamh fáinne san aer fhuar
Go dtitimid, *grapeshot*.

Ar maidin, tagann giolla na scuaibe,
Brúnn roimhe an ghloine bhriste, cnotaí fraoigh, siollaí na truisle,
Agus glanann an fhuil de bhalla an leithris.

Bailitheoirí an Deannaigh

Coinním go fóill iad, bailitheoirí an deannaigh,
Líne mheisciúil LP ar sheilf atá néata,
Chomh caite sin nach gcuirfinn snáthaid leo
Dá mb'fhiú liom éisteacht lena gceol, ní nach fiú.

Briste na clúdaigh, *cellophane* mar chraiceann oinniúin,
Dathanna a thréig faoi ghrian na maidine, mé i mo luí fleábhriste
I seomra tais cónluí an uaignis mheala, an phlódchalláin ragairne;
Fáinní beorach, dómharc, fianaise na staire mar ábhar tráchtais
Ag páistí fiosracha, bior na saoirse ag géarú ina súile.

Ní thugaim ainmneacha, ní ríomhaim scéal;
A bhfuil déanta, a leanbh, ní insím, ní mhíním, ní chosnaím.
Tá fíor gur le saghas eile ceoil a luascann m'aigne inniu,
Ach cuirim stór le taifid na firinne, ainneoin an deannaigh.

Blaoscoileán

Geal glé i m'aigne saol sin na mBlascaod
Nach bhfacas ach i bprós glan Thomáis agus Pheig.
Na fir óga le beann ag bailiú uibheacha nó brosna,
Os cionn na farraige tógtha, faoileáin ag frithionsaí.

Sínte marbh tar éis a thite mac óg Pheig
A chloigeann briste brúite as a riocht.
Ghléas Peig an corp, a méara láidre
Ag athchumadh créphota a chinn.
Smacht reachta ar racht, cúl na hoibre leis an chaoineadh,
Neart ón mheascadh taois, ón obair chuibhrinn,
A dhá bhos amhail broinn seoil ag fáscadh
A d'fhág cuma na hiomláine ar an bhlaosc a bhris.
Scil ag máithreacha nach annamh muid ina díth.

Tá bán mar oileán
Is na potairí ban ón choigrích ar na cóstaí sin
Canann *Humpty Dumpty*
Is ní leigheasann mo ghoin.

Uisce

Eadrainn tá aghaidh an uisce:
Amannaí tusa thíos istigh, ag amharc aníos,
Clocha cruinne do shúl dubh ar ghrinneall mílítheach,
Mise ar bhruach, mo chaoineadh ag cur leis an sruth eadrainn.

Nó amannaí tusa ar bhruach, gnó idir lámha tapa,
Nó aire agat ar lámhacán an linbh,
Agus mise thíos, ar fhréamh faoin bhruach sin cornta,
Mo dhúil fhada fhoighdeach i do thruisle, i do bhá,
                                        i mo ghreim ort.

Dubhghall

Bhí daingean uaim, is foslongphort.
Mo sháith faoi seacht de thoinn, de mhaide stiúrach,
De bhroinn ag líonadh
Ag striapach liom leat de ghaoth Mhuir Meann.

Daingean uaim, is foslongphort.
Tharraing mé de rópa cnáibe
Ar shoc mo chéachta, ar mhuineál m'eich mhara,
Rinne campa de long, d'fhadaigh tine,
Rinne páil de mhaidí rámha gur bhláthaíodar.

Seasann céaslaí; gruaig ghoirm faoi chois,
Scarbh ar sgeir ina aonar ar imeall mo radhairc,
Mo chiotóg i bhfostó sa sciath,
Tine chnámh ar an chnoc údaí, dealáin chugam,
Riastra imithe do mo sarknocktáin,
Cneá droma na sceana dubha tirim orthu.

Is é cleacht mo shean an long a sheoladh,
Tine léi agus corp gléasta taoisigh,
Fá mhuir. Deasghnáth nach acmhainn d'aonarán.
Chugaim a thagaid. Tosaím laoi an bháis éachtaigh.
Fanaim, easnacha ag eitilt.

Oisín

Múchaim an solas,
Fanann prímhlínte an tseomra
Meandar ar *retina*.

Amharcaim an leaba,
Is fós tá scáil do choirp
Le léamh as súile cumha.

Is fileata ár nGaeilge:
Fásann folt glan
Ar chorpán.

Treapán

Oibrigh do shá go cúramach, a lia,
Fáinne cruinn a theastaíonn, an lann éadomhain;
Ná raibh an t-allas do do dhalladh, ná crathán ar do láimh.

Tóg amach an bonn de bhlaosc,
Craiceann i leataobh, gruaig bearrtha dw,
Is cuir i dtaisce é go dteastaíonn scilling.

Anois, mionuirlisí an fhaobhair agus an mhionbhúistéaracht:
Gura dúbailt ar do mhúscailteacht mo shuan drugáilte.
Bain asam an dochar, is mo bheannacht ar an lann.

Ná gearr ach mar is gá, nó is é mo ghuí
Go bhfásfaidh gruaig fhionn os cionn an bhoinn
Ag ceilt an tobair nimhe a ndearnais fíoruisce de.

Gurab i ndíchuimhne an corp lofa a tharraing tú aníos,
A shúlach le cian ina scáil bhuí ar gach cupán a d'ólainn.

Faoileán Leonta

Is seol triantánach ag gobadh in airde d'eite briste,
Tonnta do mhisnigh dod ardú ar eitilt bhacadaíle,
Go dtiteann tú faon in uisce canálach,
Go líonann arís muir thapa do mhisní.
Beidh tú caite ag do shaothar,
Is coscfaidh do bhuairt sruth na hocsaoine
Is rachaidh do ghaile i ndísc.

Cheana, beirt charóg ar chraobh an leamhain ar an bhruach,
Is súile francaigh ag tomhas d'fhuinnimh.

Lean ort, a bhráthair. Bíodh in airde an bhratach gheal
Seal gearr eile.
Ná múchtar lóchrann do mhisnigh faoin uisce olach,
Ná raibh gob ná fiacail do do réabadh go fóill bheag.
Tiocfaidh clapsholas do chéadfaí,
Ach an diúltú cróga don chinniúint chinnte,
Fhad's a leanann, is ráiteas dearfa deimhin.

Longbhriseadh
Ar théama le Sir Thomas Wyatt

Breathnaím uaim, i bhfad i gcéin,
Cósta cnocach oileán mo rúin,
Ach tá an bád i bhfostú
Agus béal bán na dtonnta arda
Crochta os cionn an chrainn seoil;
Fáscaim umam an veist dhearg tharrthála,
Gearraim an téad a cheangail de chrann mé,
Léimim le farraige.

Cloíte tuirseach mar atá mé, níl ionam snámh.
Faoi thaoide nó faoi ghaoth anois mé a sheoladh
I dtreo an oileáin, nó mé a thréigbheáil gan treoir
Ag imeacht báite i mo ghiota plaisteach ó thonn go tonn,
Ag longadán ar ucht Mae West na n-aislingí dubh-is-bán.

CRANNÓG AGUS CARN

Crannóg

Ceithearnaigh leathnochta in aghaidh gallóglach?
Chuir mé daingean á thógáil
Cliabh ar cliabh de chré idir choirp dharaí,
Cliath ar chliath de shaileoga á gceangal
Gurbh ann do chrannóg mo chosanta.

Inti bhí beatha feadh na gcéadta blian,
Breac is bradán, éanlaith locha, biachlár tuaithe
Is tháinig is d'imigh na glúnta, gan cur isteach
Blianta an áir féin, is gunnaí móra.

D'fhás coll is fearnóg, d'ísligh clár an locha,
Rinneadh de m'oileán cuid de thír mhór.
Lá dar bhreathnaigh mé, bean ar bhruach tirim,
Mo chabhsa cloch aníos ar fhis.

Siúlaim i dtreo na gile,
Gunnaí móra ag pléascadh ionam.

Spéir agus Loch

Iontu féin atáid ann, spéir is loch,
Gach ceann iomlán, a bheith gan teorainn,
Comhlíonta ann féin, leordhóthanach.

Ach is droichead eatarthu na héin,
Feidhm amháin eatarthu, timpeallacht is saol amháin;
Greim bán gúshnáithe.

Is timthriall an bháisteach d'aer agus d'uisce,
Leachtdath ag cur ceo ar gach tréith ar leith.

Ar aghaidh an uisce, frithchaitheann
Camadh cúinne béil gach athrú giúmair.

Crochann an ghaoth ina cuirtín idir eatarthu,
A neart doléite ó uair go chéile,
A tionchar chomh dofheicthe léi féin;
Is leid bhídeach gluaiseacht scamall, aghaidh an uisce
Is rúnchód lucht toscaireachta,
Le linn don loch, don spéir feitheamh, fanacht,
                    gach ceann ina dhaingean féin.

Eile

Seo am ar leith, áit ar leith.
Glaisí éagsúla cineálta le súil
Cuartha an dúlra in ionad línte an duine:
Gan uilleann ar aon rud ach ar phéire comhthreomhar chrann péine
Nó ar chorr éisc ag eitilt nó ag faire di go huaigneach.
An callán cúlra ní rialtacht cheoil ach crainn faoil ghaoith
An t-aer trom, fearthainneach, éadach fuar tais le héadan.

An obair faoi chlaochló, tá am don tóir
Ar eireaball bán na hionsparáide
Ar ghnáth bheith spadánta á leanacht.
Ní críoch do shlis ghearr na héigse ar an haondéag
Go mbeathaím cumann de leathuair comhrá,
Go bhfaighim suaimhneas bog an cheoil
                              roimh mhurlán an tsuain a chasadh.

Leáigh an fiche bliain faoi theas tobann,
Craiceann oinniúin mo chinnteachta ag imeacht,
                                   mo bhacainní bochta
Ina bpíosaí faoin *half-track* choimhthíoch.
Seift nó plean ní heol dom, gan ar m'acmhainn
Ach ligean do na clocha sileadh ceann ar cheann as mo lámha.
Imíonn mo pheitreal an draein síos.
Is giall mé. Ní fúm an treoir.
Soir siar bóithre mo chuid féitheacha
A phléascann an *rhododendron*, fréamh is bláth.

69

Spórt Uisce

Sa loch cheansaithe dhá líne snámhán
Don scíáil uisce. Éilim féin an snámh,
An mhalairt saoil, an tumadh iomlán,
An corp uilig faoi thadhall nua leachtúil chrua.

Sin mar atá. Céad méadar.
Cóiriú cúramach coirp mar chorna cruach,
Matáin ag scéitheadh, scámháin oilte éadroma
Is pléasc. Tonn chomh-ama, rithim na ngéag
Agus léim an chúir. Aire is céadfaí teoranta
Don éacht ghairid. Ní gá ach casadh amháin,
Líofacht ghrástúil sa tiontú chun na críche
Áit a n-alpfar aer, a réiteofar súile braonacha.

Fhios agam, má fheicim na cosa sin ag mo ghualainn
Go bhfuil mé caillte.

Challenger

Comhaireamh síos comhlíonta, thréigeamar an talamh,
Go mall ar dtús, ach ag bailiú luais dochreidthe.
Scaoileamar le roicéid bhriste imtharraingthe, a ngnó déanta,
Thosaigh ag dul i dtreo an rothaig nua; rinne ar ghrian.

D'aithníomar gan mhoill sinn bheith gan díon
Ar theas den chineál sin, thoiligh athrú cúrsa chun na gealaí:
Mionairgead in áit an óir, fuar, a taobh dhorcha ar léarscáil
cheana –
Ach chuir an casadh brú de bharraíocht ar phíobán breosla.

Bhladhm an scáileán, bhuaigh imtharraingt ar smidiríní,
Is dúirt guth anaithnid
We have no downlink.

Pastorale Plaisteach

De thairbhe iomthoscaí ginearálta
(Geilleagracha agus eile)
Lomamar móinéar ardfhéarach bláfar –
Bearradh buí gruaige airm a fágadh againn.
Is chartamar go clós an sciobóil,
Phacálamar go dlúth
Faoi chlár tiubh dubh *sheet polythene*
Faoi bhoinn chaite fós róthroma leoraí
Gur aipigh an bréantas te,
Gur shruthlaigh an súlach as.

Friofac

Geabhróga bána thar chóstaí isteach
Ar eití malla ní heagal, cuid de mo thaithí a dtumadh;
Ach iascaire ard gona threalamh casta marfach
Ó chanálacha lár tíre Shasana, is baol
An baoite mealltach ar fhriofac géar nach bhfeicim.

Lucht mo chinéil, péirse, róiste, deargán,
Níl dínit inár gceapadh aige, ná cothú inár mbás,
Ach greim ar chaol eireabaill agus suirbhéireacht fhuar,
Agus dímheas an scaoilte go loch nach féidir a thrust arís.

I dtreo uisce a chaitheamar a chéile, scaoileamar greim,
Is chasamar eite fann eireabaill, is shnámh.

Ach dónn an béal gan cumas caoin comhrá
Is ar chaol an eireabaill fós tá marc uamhain ordóige.

73

Súil le Muir

Laetha bréana den chonspóid faoi smál den diansaothrú,
De mhuca ar racaí i gcábáin, den fhás fórsáilte.
Ba ghá an geata a oscailt, aoileach a scaoileadh chun locha
Is shil dem aigne, de mo chuimhne, srutháin truaillithe ár
                                        gcoimhlinte.

Fágtar loch glan faoi ghrian tráthnóna bhig ag drithliú,
Meáchan millteanach uisce, cumhacht gan srianadh, ina shuan.
Corrgha ag soilsiú ar na doimhneachtaí dorcha móna.
Bailíonn an loch uisce uilig ceantair, fanann foighdeach.

Do chos ar bhruach an locha, sin céim nach dtiocfaidh in athuair;
Ach deora an uisce, go spéir aníos deastógtha, eitlíonn dofheicthe,
Cá bhfios cá dtitfidh? Tá agat dúil ghaineamhlaigh i bhfearthainn.
Is féidir go mblaisfidh do bheolan, do theanga, fós
De loch ár gcaidrimh.

Rolla Páir

Osclaím amach rolla páir sin mo smaointe
Líne ar líne, dán ar dhán
Ar an scáileán. An léamh deireanach tugtha
Ar sholas, ar chuisle srianta umhal,
Brúim an séala dearg, rian mo mhéire ar an chnaipe
Agus rollaíonn an pár, dúnann de shnap.

Searrann an priontaire guaillí na hoibre,
Mo ghabha geal, mo Chulann,
Agus téann an roth thar mhachaire an pháipéir
De luas carbaid ar fhaiche Eamhain Macha.
Cúr páipéir ag imeacht de shoc mo bhirlinne.

Bua is díomua ní cuma, agus dónn cneá,
Ach ainneoin sin tógaim arís an dísle cam
Agus corraíonn aidreinilín na brainsí is lú díom:
Líonann tocht nach ann dá réiteach ins an ríomh.

Nollaigeacha Uladh

Níor bhain sé linn, béaloideas sin na fola agus eagla,
Is chrochamar na maidí croise i bpluaiseanna na sean,
Is d'fhágamar an stair sna leabharlanna,
Is d'fhanadar ár dtuistí cinnte sámh go bhfillfimis.

Ach d'imigh an fás as alt, óna chúrsa,
Trí ráithe, fiche bliain: aon seoladh níor ráinig,
Agus crochadh ar chrois é, ár gcreach, gan bhreith:
Breith níor tháinig fós, ná aiséirí go fóill.

Tamall gan Cleachtadh

Ní théann sí chuige go rialta,
M'iníon arbh fharraige a méara ar chladach na nótaí.
Tá saothar eile ar siúl aici – déanfaidh sí bean.

Ach amannaí, suíonn sí síos,
Agus truisle ar thruisle cuartaíonn a lámha dá ndeoin féin
An seanbhealach nár dhearmad siad isteach sa cheol in athuair.

Sinne, a d'fhág an clár dúnta ar an cheol le tamall,
Aird againn ar ghnótha eile ar mhó a dtábhacht is a bpráinn,
Dá suímis síos is na méara a aclú, cá bhfios cén rabharta a thiocfadh,
A chroí.

Plá

Plá ar a bhaile, cosctar imeacht uaidh.
Bia éigin chucu, gan baint leo,
Síneadh láimhe gan tadhall ná teagmháil,
Ligean don aer glanadh i ndiaidh puth sin a n-análach.
Tá sé tábhachtach gan aithne a chur ar na teachtairí,
Nó athraíonn siad an-mhinic.
Íocann siad go daor, is fágaimid an t-airgead
Ar maos i mbabhlaí fínéigre, díghalrán fhear na croise.

Istigh sa chathair, próiseas de ghuíodóireacht, ansin caoineadh
Ciúineas, ansin mire, iad ag marú a chéile,
Drúis don chorp nach mairfidh, an ghoid ina léas gearr.
Ar theacht chéadchomharthaí, barróg ar chairde, an slán ach lean orm.
Éalaíonn corrdhuine ón bhaile. Más bean óg, is doiligh
An riail a chur i bhfeidhm, is ceapann sí gurb í mo dhrúis a saoirse.
Ach maraím iad, is dóim an corp os comhair na cathrach.
Tá piléir gann, is é stoc mo chairbín a mharaíonn.
Is lú liom anois cloigeann toll linbh a phléascadh
Ná ligean do phláta mo bhia titim ar leaca chistin na ceathrún seo.
Ní maith liom an stuif buíliath sin ar mo bhróga.

Ráfla a chuala ar patról, na gunnaí móra chugainn,
Nó tá gá linn áit eile. Is mithid seo a chríochnú.

Lá na bPoipíní

B'as ár gcré a d'fhás
An fhuil ar pháirceanna sin Flóndrais,
Na blátha dearga faoi ghaoith an tsamhraidh
Ag craitheadh a gceann.

D'imigh sibhse slán, tháinig glúin ar ghlúin –
Ar ucht na casóige, poipín bréagach,
Sinne marbh, blátha orainn beo,
Sibhse beo, blátha oraibh marbh.

Labhrann na tráchtairí leis an cheamara,
A mbrollach uaibhreach ag pléascadh,
A mbéal ag tabhairt scéala uafás na hoíche i bhfad uathu.
Is fada ár luí faoi chodlaidín an opiam,
Poipíní ba phian, is suaimhneas anois a bheir,
Ach fós cuirim síorcheist na coire
Qui bono ár mbáis,
Caipín na glúine séidte,
Gan ionainn ach leasú ar bhlátha an bháin amháin,
Aoileach a leathadh ar pháirc i bhfad i gcéin.

D'Ultach Mná

Corradh anois le fiche bliain
Atá mé ag amharc i leataobh gan sonrú a chur
I bhfianaise na fola míosta agat. Cinnte,
Bíonn cur isteach orm, srian le cuid do mo ghluaiseachtaí,
An chuairt ar athlá. Aithním, leis, an teannas
A thig go minic roimh dhoirteadh
Ach ní hé mo ghnó; cead báirseoireachta agat
Agus ballaí do bhroinne ag réiteach arís go tráthúil
Le hubh a chur le sruth.

Mise, ním mo lámha. Má fheicim piléir bhána fán teach
Ní labhraim fúthu.

Tá a sheal seo ar bhéal a bheith tugtha.
Ní bheidh an fhulaingt seo ort, an phian,
An aird ort nuair is mó do ghá le príobháideachas.
Ní bheidh an fhuil ag imeacht ná an ubh ag fás.

Is nach seasc a choíche sinn
Go gcloí an bás sinn.

Dán Grá

Nach coimhthíoch linn, a chroí, an aois seo a theannas
De ghréasán éadrom fíodóra i dtosach sinn –
Mo chnó cruinn soilseach sin, folt do ghruaige
Ceartchéile mo bhoise ariamh, ceo sin mo chéadfaí uile
An ruadhonn fómhair airiú
Ribe ar ribe i léithe a thiteann,
Roicneach faoi stríocaí liathgheala.

Tránn an gaineamh bog chun na ndoimhneachtaí dubha
Tonntracha an ama á shú, cladach clochach á nochtadh,
Agus cluinimid soiléir clocha á slogadh siar isteach.
Aoibhinn siúl go fóill, méaróga ag imeacht éiginnte faoin chois.
Ní raibh sa trá ach scalladh gréine, blár gaoithe;
Is mó anseo braithstint, agus má shamhlaíonn tú bagairt do sciorrtha
Nach leithscéal atá ann don ghreim dhá lámh ionúin fós cé tirim.

Dán Grá – Arís

Is faoileáin ar scéitheadh báid iascaigh,
Foichí ar chneánna péitseoige a thit
An lucht leighis thart orm. Bán nó uaithne,
Gorm na ngiollaí agus gile airgid fhaobhair
Ní heagal liom; níl ann ach córas
Is seargfaidh, tréigfidh le himeacht aimsire.

Nuair a rollaím liom ar thrucailín ciotach a snáthaide
Nó a amharcaim a n-aighthe scine nár ainistéitigh ach cúige díom,
Nuair a mhúsclaím faoin *acceptable level* sin péine,
Nuair a aithním gur tháinig i m'ainneoin arís an gá leo

Glinneann i m'aigne do bhinn-se aoldaite dílis,
Línte do bhuartha, do dhíomais, faoi dheabhadh breactha.
Tú mo thaca gualann, mo shuíomh oíche faoi lampa,
Mo shaoirse, mo shiombail, mo dhea-sheasamh, mo dhoire lon.

Scian mo thrialach, is í a tuairisc nár fhríth fós ailse bhaoil:
Leanaimis orainn, a chroí ghil
Ag cuartach chionroinnt na páirte go síothmhar.

Glasnost

Seo anois an coimhthíos cearnaithe:
Bábóg righin faoi náprún is faoi scairf,
An cuntanós plásánta gan mothú, snaschraiceann tiubh air,
Cruth uibhe ar an iomlán:
Inti, bean eile agus inti sin
Bean eile, cúig ghlúin gan athrú,
Ach i laghad ó mo radharc ag imeacht.

Seasann daingean, a rún faoi choim,
Go gcasaim bun deiseal, barr tuathal:
De mhionscréach adhmaid, osclaíonn amach
An bheith lom gheal, línte na mblianta,
Agus toradh na broinne, plásánta gan mothú,
Snaschraiceann tiubh air.

An t-aontas seo a bhí faoi cheilt,
Ina dhuine is ina dhuine osclaíonn amach.
Ní thuigim fós a gcineál ná ealaín a dtíre
Ach is mór mo dháimh le beith agus le buanú,
Le snaschraiceann agus le ceilt.
Le himeacht na mblianta
Athraímid, fanaimid dílis,
Glúin ar ghlúin ag oscailt amach.

Saothrú an Ghoirt

Téim fá Chónaí

Téim fá chónaí, crom os cionn tine,
Ag tomhas na bhfód is an teasa go tíosach;
Téim chun cruaiche a líonadh cléibhe
Agus léimeann an ghaoth aniar an bhinn orm.

Díreach comhthreomhar le talamh don fhearthainn,
Nach cead di titim, ach imeacht i Purgadóir shíoraí timpeall;
Éin ina mbruscar buamáilte ag séideadh
Agus crann á shracadh idir gaoth agus talamh, giorria cionn cúrsála.

Líonaim mo chliabh faoi dheifre is tógaim í go pianmhar
Is amharcaim ó thuaidh. Tá ag dul ó sholas
Agus tá Balor na mBéimeann ar cheann thiar Thoraigh go fóill,
Gath buile a shúile ar spéir, ar mhuir, ar thír ag cuartach.
Sleamhnaím go feithidiúil faoi mo chloich mhór.
Téim fá chónaí.

Sionnach

Tráthnóna beag, siúlaimid i dtreo an tábhairne,
Blianta ár gcaidrimh mar chraiceann tiubh ar chomhrá.
Dul ó sholas, agus scáileanna ar thalamh,
Bícearnach codlatach éan, anonn 's anall na n-ialtóga.

Chím é, ag siúl na seaniomairí fada, é íseal, ceart,
Trasna ó chlaí go claí, ar a choimhéad ach ag seilg: sionnach.
Imíonn díreach, gan mhoill gan deifre, ar chosa tapa,
Smut íseal, eireaball ag scuabadh drúchta. Stánaimid.

Baineann sé amach an t-ard beag, tiontaíonn,
Amharcann siar orainn faoi amhras, rian den dúshlán ann.
Fios aige nach aon díobháil sinn, téann faoi thom.
Pógaimid. Athraíonn mian. Fillimid ar theach.

Téip Cheoil i Sceach Shléibhe

Ar bhóthar an phortaigh, snaidhmthe i sceach aitinne,
Eitlíonn an téip, ag imeacht léi sa ghaoth,
Líonann le haer gan ceol a ghabháil a thuigim,
Síneann chun gluaisteáin ag iarraidh déirc na cluaise,
Bolgann, iarann seoladh,
Impíonn guth.

Ní stróiceann, ní stríocann,
Líne dhonn ag drithliú, ina ribín aerach earraigh,
Tamall ag ligean uirthi gur mionbhrainse í,
Ní héalú go *camouflage*.
Bruscar atá inti, a d'imigh ó mhaith,
Níor oir – ró-statach – don ghléas nua, don cheol reatha.

Acra ná inneall níl ann lena seinnt,
Is tiocfaidh an ghrian, an sioc,
Agus ídeoidh an aimsir í.

Tiocfaidh lá éigin,
Is bainfidh mé go foighdeach den sceach de shiosúr í,
Crapfaidh mé i mo phóca í, cuirfidh le tine,
Agus beidh bua ag slacht mar is dual.

Stráinséir

Earc bheag luachra, fireann donn ar an leac ghlas,
Ag siúl an urláir ó bhalla na síne go balla na díne,
Casann sé a eireaball go mall, tógann a cheithre uillinn,
Ceann i ndiaidh a chéile os cionn a choirp,
Cúig mhéar ar gach láimh ag méirínteacht an bhealaigh.

Tá óg, mo dhragan beag, chomh hóg leis an fhrog
A rinne an turas céanna ag tús an tsamhraidh,
(Buachaillí bó a dhiúltaíonn don tsreang dheilgneach is mise,
Trasna na machaire ba theach tais folamh leis na blianta.)
Glacaim leis na feithidí – gach cliabh móna, is long choilínithe.
Lucha agus leamhain ní miste a roinnt den spás liom.

Aithním gur sona na péisteanna seo, frog is earc,
Ach na mílte glún ó shin níor chairde iad
Agus nuair a chuirim cúl mo mhéire lena gcraiceann, craithim.

Tógaim cárta poist, fanaim go dtránn a amhras, go dtéann sé air,
Tugaim amach chun na fearthainne, chun na sráide é,
Tiontaím an cárta sa dorchadas,
Guím nach dtiteann sé ar a dhroim, go ritheann chun foscaidh.
Is oth liom gur theip orm fáilte a chur roimhe.

Nó bheith múinte roimh a fháiltesean.

Scéal an Fhir Óig

Tháinig sé i méadaíocht, rinne fear
Is chuir fios na máthar sin a d'fhág ag na mná rialta é,
Í léi féin, gan taca, gan teacht isteach, gan dóchas.
Lorgaigh sé í siar na blianta, na comhaid siar,
Siar tríd na hoibrithe sóisialta sin a dúirt
"Inseoidh mé duit, ach coimhéad, níor dhúirt mé tada".

Fuair sé a seoladh, agus thiomáin leis
Fá bhailte beaga an taobh sin tíre a bhí coimhthíoch
Agus d'aimsigh sé an doras.
D'ardaigh sé a ordóg chun an chnaipe bhig
Is chonaic a méid, agus rian na hoibre
Ainneoin an tsópa a caitheadh,
É fá choinne cainte lena mhamaí.
Chuala sé an bualadh fann leictreach
Agus céimeanna cinnte aníos an halla chuige.

D'oscail sí an doras, d'amharc a ceist amach
As súile a raibh a gcinnteacht chiúin acu
I saol cúng an taobh sin tíre a bhí coimhthíoch aige.
Dúirt sé go raibh a inneall i ndíth uisce, ar mhiste
Léi crúiscín a thabhairt chuige a mhúchfadh a tharta.
Agus thug. Dhoirt sé isteach san inneall, agus d'ól sé féin
                                        an fhuíoll.
Agus thug sé buíochas di, is dúirt sí "Go mba hé dhuit".

Tá sé sásta, anois, gur chas sé uirthi
Gan réabadh isteach ina saol in athuair.
Ach measann sé nach raibh na céimeanna sin
Díreach chomh cinnte céanna ag filleadh siar an halla
                                    agus an doras druidte aici
De láimh amháin, an cruiscín folamh lena hucht,
An dá mheangadh múinte ag imeacht san aer.

An Lá a Thuirling an Taoiseach ar an Iarthuaisceart

Ní dhéantar scannáin anseo,
Ní thógtar baile bréige.
Cill Rialaig dá bhfaigheadh bás,
Aimsir agus caonach a chuirfeadh.
Blascaod dá mbánófaí, b'in é – tá sin againn.
Is deacair a bheith ag feadaíl agus ag ithe mine.

Síneann an Mhachaire Rabhartaigh a lámh i dtreo
Inis Bó Finne is a dheartháir mór, Toraigh, naoi míle amach,
Coinníonn ar an snámh iad.
Buaileann na tonnta le chéile, aduaidh in éadan aniar,
Bos le chéile, uilleann le grinneall
I gcleasa lúith agus nirt agus grinn agus feille.

Caint níl ann ar fhondúireacht ach tig an post ó Ghlaschú.
Tá na daoine beo, ag cur *Yamaha* i dtóin an bháid,
Ag rá an phaidrín ag scrín Mhuire ag barr an ché – bríste fillte
                                        go glúin siar –
Ag tógáil chruach de photaí plaisteach agus suiminte gliomach,
Ag caint go ciúin sa chlapsholas,
Ar a mbealach abhaile, tuirseach,
Lá eile curtha isteach acu.

Seasamh Fóid

Tá an fód ag imeacht ina luaithreach,
Ó dhonn go bán,
Ach las sé, las, is dhóigh ar feadh i bhfad,
Agus théigh.
Ag tiontú ina luaithreach bán
Ón chraiceann isteach,
Tá fionnadh air, nó féasóg seachtaine ar ghiall teann seanduine
Agus imíonn an crot deimhin dronuilleogach sin
Ba fhianaise ar scil na bhfear,
Is imíonn na poill a d'fhág an píce
Ba fhianaise ar a neart.
Tá bealóg ann, domhain, dearg, nimhneach.
Char thréig na déithe teallaigh go fóill an áit seo.
An dul ó sholas, nach sin an t-am
Do leannáin, don phleanáil, don oiliúint faoi rún,
Don fhilíocht?

Loki agus Loch

Loki ar an tsliabh, mealla iarainn
Den fhearthainn throm á rolláil aige
Ar dheic mhioscaiseach an fhána
In éadan mo dhíomais.

I laghad, i léithe, a théid gach uile ní;
Crapann fad is crot, tréigeann fuaim:
Sníomhann an chumha trí gach feadán,
Gach feadh, gach giolcach, ar an loch ghlas i mo lár.
Casann an ghaoth fonn mall gan ornáid
Ar phoill nóta mo chéadfaí.

Ach an loch sin, mairfidh slán, ag lacha, ag breac
Beo, cleasa *Loki* ag cur lena bheocht,
Uisce faoi thalamh á neartú. Mairfidh liath, glas,
Ach tiocfaidh grian, imirt cheolmhar goirmeacha,
Leacht ceoil fuiseoga, ceol miontonnta.
Beidh gach giolcach ag rince leis an ghaoth.

95

Bláthfhleasca Nollag

Teacht dheirg dheireadh an tsamhraidh
Cuireann an tionsclóir Gearmánach
Tús le hobair shéasúrach mhargadh na Nollag.
Fógraíonn Raidió na Gaeltachta na jabanna le líonadh,
Glanann na hoibrithe *Mr Freezees* an choláiste samhraidh
                                    den ionad pobail,
Cruinníonn isteach sreang agus ribín, cuileann agus eidhneán
                                    agus giúis.
Níl scil as an choiteann nó acmhainn speisialta a dhíth
(A deir an *radio*) ná féith faoi leith
Chun bláthfhleasca a dhéanamh do bhallaí, do dhoirse,
                                    d'fhuinneoga
Essen agus Dortmund, Bremen, Dresden agus Frankfurt,
Ainmneacha a dhéanann fós
Crónán na n-eitleán buamála i gcluais mo chuimhne.

Nuair a thiomáin mé aduaidh trí lá roimh Nollaig
Ón tSrath bheag Bhán go hAchadh na Cloiche,
Tré dheisceart Dhoire agus Thír Eoghain Uí Néill
Le cúrsa na Feabhaile go hAbhainn Mhór Uladh soir,
Ba chois bhealaigh mhóir na bláthfhleasca,
Súile móra dearga ar airde glúine
Agus an saol mór ag imeacht tharstu,
Gach duine againn ag crónán.

In Memoriam Áine Nic Chárthaigh

coinne contúirteach
dúshlán do-éalaithe
dícheall nár leor
fógairt na mbuanna
oidhe dho-sheachanta
gae bolg cruinn cinnte

Confetti ar fud chlós an tséipéil
Agus muid ag fanacht leat,
A bhean óg dhorcha.
Teach an phobail gléasta gleoite, is an pobal
In éide samhraidh duit,
A bhean óg dhorcha.

Tost an fhanachta mar a bhíonn,
Ansin ceol go sollúnta ar theacht duit
Ach ba é an chónra do chulaithse,
Do chlár bog déil gan trua,
A bhean óg dhorcha.

Bhí an Bás ag cúinne sráide,
Faoin lampa, é ag feitheamh leat.
B'fhada do shuirí shéantach leis
Ach tháinig lá a gealladh duit,
Sealán ag teannadh is do lámh láidir faon.

Agus gnás duairc na reilige á chomhlíonadh,
Ba ar an tuaisceart mo thriall,
Fá Bhaile Átha Fhir Dia mé
Nuair a scaipeadh lucht d'adhlactha.

      coinne contúirteach
      dúshlán do-éalaithe
      dícheall nár leor
      fógairt na mbuanna
      oidhe dho-sheachanta
      gae bolg cruinn cinnte

I dTír Chonaill anseo dom, tá fiacail le gaoith
Agus deora Dé na sceach
Mar dhrúcht ar an chré.

Checkpoint Charlie

Mullach cnoic a dhaingean codlata,
Éin a bheir bia chuige de shaothar trom,
Sliogán *kevlar* ar a ucht, blaosc ar a cheann,
Canúint nach dtuigim den ghnáthbhéarlagair ar a bhéal:
Trompa trom gan teanga ag stánadh orm gan caochadh
Ag dúil le ceannlitreacha dearga a scríobh
Ar mo chraiceann bán –
S.L.R.

Mo chorp creathánach, géilliúil,
M'aigne creathánach, ceannairceach,
Mo bholg creathánach ar tí a séidte.
Tuigim anois do na haislingí
A rinne bean d'Éirinn.

The Cruellest Month

Tá an córas iomlán
An t-eangach gan poll
An mogallra ag fás i gcónaí.

Chuir siad tarra ar shráid mo thí
Go díreach mar a d'iarr mé:
Ceanglaíonn ionathair dhubh an dá pholl éalaithe.

Léadh méadar an leictreachais inniu,
Tá bille an ghutháin ar an mhatal gan díol go fóill.
Na téada seo ní doiligh
Ach fiacha an uaignis thar m'acmhainn.

Cuartaím íor na spéire ach tá néall in ionad an bhearnais.
Corcálann mórtas na farraige caolas na bá.
Fógraíonn an chuach a shreangscéal déshiollach, eireaball
magaidh in airde –
Cumha, cumha.

Caora

Iomlán nirt a chruinniú, is léimt ar shiúl
As greim muineáil an lomadóra,
Ón deimheas ghasta ar an scornach.

Fá shliabh rith samhraidh,
An olainn a shábháil sí ón ghearradh
Mábach trom anois ar dhá dtrian dá corp.

Fá chnoic rith gheimhridh,
An lomra fliuch, a meáchan á moilliú,
An siocán á stad. Gorta a lean de.

Fá ailt a fuarthas a cnámha
Tús earraigh.
Thart uirthi mar ar scaipeadh iad
Bratógaí na saoirse.

Dán Nollag

Eitleán os aerfort oíche,
Filleann iníon liom:
Réalta Nollag.

Do Bhean Óg faoi Strus

D'aghaidh bhán sa chór –
duilleog, lá leoithne,
ar chrann na beatha.

Géaga

Craobh úr le tine:
Súlach, boilgíní ann, léimt chúir.
Do theas le mo chneas.

Earrach

Síneadh ar an lá.
Scairteann Maighréad Choilm ar an eallach.
Cá mhéid peitril sa *tank*, tú uaim?

Leis Féin

Fear ag cur síl i ngoirtín coirce,
De chaitheamh láidir láimhe, boise, méara á scaipeadh.
Leis féin a luigh ariamh.

Dusta

Trí rud chomh huaigneach leis an bhás:
Dialann.
Grianghraf.
Cuimhne.

Geimhreadh

Anuas an simléar
Pléascann clocha sneachta ar an tine:
Seile ar mo bhróig.

An Líne Dheiridh

T-léine agus *denims*
Righin reoite ar líne shiocáin –
Cláracha mo chónra.

GARBHACHADH

Tonnaí Thoraí

Ritheann siad aniar aduaidh isteach.
Línte na dtonnta arda, cuisle na farraige,
Cairrfhianna na mánna móra,
Impala, eland, wildebeest,
Islíonn siad éadan bán, ardaíonn adharca cuaracha,
Ionsaíonn siad na gunnaí:
Ach lúbann na glúnta, géilleann, titeann,
Sula mbuaileann líne gheal na trá,
Agus mise, faoi mhire chiotach eagla, ag athlódáil.

Samhradh

Suaimhníonn goirmeacha an fhraoich an sliabh féin.
Sioscann *snare* na bróige sa ráithneach de rithim bhog
Seasann na ceannabháin ina gcliathnodaireacht gheal:
Tá Lúnasa ag gabháil cheoil.

Seilide

Rófhada sa bhlaosc, ag fanacht leis an chos anuas.
Mall, fáilí, sínim adharca amach, bolaím, cuartaím,
Agus bogaim liom go mall ón áit a rabhas teann:
Ar dhath an airgid atá smug mo shiúil,
Ar dhath an óir bhuí an pabhsaer sin faoi mo shúil.

Téann an saol mór thart go fóill, ar chosa táirne in airde,
Ach bhí an blaosc róbheag, róbhog, bogach mo sheasaimh 'mo bhá.
Má b'eagal bogadh, ba ró-eagal fanacht is thugas mallacht mhisnigh;
Ar eagla eagla iompraím teach ar ghualainn isteach sa lá.
Bhí an stálú dulta bréan is shantaíos an t-aer.

Soir amach as Dún Aengusa, trén *chevaux de frise* soir amach,
Snámhann mo dhroim dhubh, ag soilsiú faoin ré úr lán.
Tá broic ann, tá, fiacail agus gob nach sos dóibh ariamh,
Ach tá gá agam le caitheamh bia agus le caidreamh póir.

An Garraí

Olainn ar dhriseacha,
Ar mhaidí taca mo phlandaí:
Ar chosa míne, faoina lomra bréagach, gona bolg mhór,
Ina gadaí san oíche, tháinig mo namhaid.

Soinéad don tSos Lámhaigh, tar éis Sé Mhí

Amharcaim orthu is iad ag siúl an ghleanna, beirt fhear ar thóir
                                              mhadaidh rua
Aimsir seo na n-uan. Gunnaí leo, is madaidh chaorach,
                                              agus fios.

Éistim leis, ar a chuairt phráinne go Toraigh, héileacaptar íseal
                                              ag bolgadh an aeir,
Na báid faoi chónaí, an sunda garbh, an duine i sáinn.

Chím é ar bhóthar oíche, faobhar an gheimhridh ag gearradh,
Húda an anarac in airde solas fána shúile, bealach lámhaigh ar
                                              eolas acu.

Cúbaim ón trup tobann sa chlaí, ón éadan bhán nach bhfuil
                                              ann ach bullán,
Cuartaím an píobán faoin bhóthar ar eagla a staptha,
Cromaim faoin charr a scaoileadh brainse gaiste.
Chím na maoir faoina n-uchtach *kevlar*,
Gach dream a bhfuil ungadh orthu, cead acu, cárta acu.
Tá fada mar shos análach, mo scamháin ar tí a bpléasctha.

Tá nimh ag snámh Sruth na Maoile ón dumpa mhór faoin
                                              fharraige a rinneadh is mé óg.

Oileán

Tábhairne meathdhorcha i lár thráthnóna:
Tá tine thíos, ach í gan cóiriú, tine ghuail,
Tine dhubh stuacánta chadránta ós fada a bhain lucht stile
Scraith na domasaí móna de ghlaschloich an oileáin.
Boladh na luaithreadán is an bhiotáille, boladh an allais
A dóirteadh leis na *sets* aréir.
Tá na fuinneoga ar oscailt, aer úr ag sciúradh
Ach gach boladh ag cloí le coirnéal, ag imeacht faoi éadach, faoi
bhrat, ar chúl cuirtín,
Leisc air imeacht amach i gcionn an lae.
Filleann lucht na hoíche aréir, a gcuid éadaí tais,
Suíonn go míchompordach gan anarac a bhaint.
Tá dallóg de dhíle fearthainne ag cur cosc ar sholas an lae.

Tá doras ar oscailt, *management* thuas in airde air
Agus solas bolgáin sa tseomra thall ag diúl go mall déirceach
                                        tríd chugainn
Ag draenáil síos isteach sa tseomra mhór, gan toil, gan bhacainn,
                                    linn bhuí ag leathnú

Go sroicheann an bodhrán. Gabhann an craiceann an solas,
Déanann ceo de. Bogann lámh chlé an bhodhránaí
Dubh dorcha ar an chraiceann, ag muirniú go mall
                                de mhéara spréite
Anonn, anall, siar agus ar ais, an lámh uilig le craiceann
Nó barra na méar ag súgradh, nó dearna ag diúrnadh.
Ar an taobh thall den chraiceann, an maide mire,

Scáil éiginnte ag mímeáil go buileach taobh thiar de bhrat,
Ag seinnm an chraicinn ina stoirm de chéimeanna rince.
Ní bhuaileann riamh an t-imeall adhmaid
Ná níl greim ciotóige ar chrosóg taca an fhráma.
Sin iad, an lámh le craiceann, á chiúnú
Nó á dhéanamh láidir toll, agus maide na deasóige ag bualadh
Rithime de réir a chuisle féin.

Agus sin tionlacan; ó am go chéile raideann an fear óg
Dual dubh gruaige siar is amharcann an seanduine
Atá beagán uaidh, é ag luascadh ar a chathaoir, a shúile druidte,
A dhá lámh ag brú, ag tarraingt an bhosca cheoil,
Na méara ag damhsa go tomhaiste cinnte ar chnaipí an chairdín.
Suíonn lucht mórthíre, málaí leo, aga fanacht le himeacht,
Agus gearrann oileánach aosta céim dheas rince ar a shiúl anonn
                                                    chuig an bheár.

Dubhann na fuinneoga, plúchann na haibhleoga sa ghríosach,
Agus cruinníonn an tonn mhór a neart amuigh ansin.
Ach cuireann an fear óg a neart isteach sa chraiceann,
                                        san adhmad, sa cheol
Is tagann le gliceas na gcnaipí. Tá anáil i scamhán an bhosca,
Gaoth sa tseol ramhar, agus greim stuama ag an tseanduine.
Snámhann an t-oileán.

Mochéirí Meithimh

Dá mhoiche a éirím, tá cneá geal
De ghail bhreosla eitleáin sioctha ar aghaidh na spéire
Agus éanacha dubha creiche ag cuntas na gcaoirí.

Dá luaithe a scaipeann an drúcht, beidh fuacht faoi chois
Agus meirg bheag rua ar fhaobhar na n-acraí nár bhailigh mé
                                                isteach aréir.
Tá tais, éadaí na líne ag crochadh leo faoi ghrian mochmhaidne.

Dá chiúine an mhaidin, ní fada go mbíonn
An chéad tarracóir ag trupáil chun an phortaigh,
Cliabh de thrucail fholamh ag bualadh ar a chúl.

Suím ar bhinse na binne. Siúlann giorria óg
Anuas an mhala fá thrí shlat díom. Geiteann na caoirigh siar
                                                uaidh.
Ní chorraím. Braithim. Sin a bhfuil ann.
Is é sin mo dhán.

Garraíodóir

Bacainn bhóthair a thógas a chosc na gcaoirigh.
Cha dtig aon duine.

Cruinníonn an Namhaid

Fanann siad ar an aird, amscaí, faichilleach,
Ar mhala bheag an bhóthair, idir mé is léas.

Tá ag faire orm go ciúin, feiceáil
An bhfuilim ann, an gcorraím, an bhfógraím
Go callánach mé a bheith i láthair, maide i m'aice,
Cé acu an fearr dóibh fanacht glan orm, a gcuid a chuardach
                                                    fá chnoc

Nó teacht go ciúin, cloigeann in airde, lomra glas ag luascadh,
Iad ar chosa gabhlánacha míne, agus rian na crúibe scoilte
A phriontáil ar an phuiteach, agus carnta de chaora
A n-ordanáis a shuíomh in éadan mo phlandaí.

Nó an gcruinníonn go fáilthí roimh bhreacadh lae, m'aigne
                                                    i bhfostú codlata,
Is anuas de ruathar gabhála orm sula musclaíonn
Méileach na bua, ceangal na holainne mé arís go dubhach.

Slán Go Raibh Tú

Do chneas mín milis le mo chraiceann, tráth
Is cuimhin liom, is seile do bhéil. Do shúile ionam.
Friotháilt ort, gach seirbhís ar do phearsain bheag ba gheal.
Tú ag foghlaim uaim, ag foghlaim ón tsaol mhór
A chruthaigh mé duit, ar ar chosain mé thú.
D'imrímis le chéile na cluichí béil is teanga,
Na cleasa lúith, is chumaimis dá chéile
Táin mo staire, eachtraí móra do thodhchaí.

D'fhás tú mar ba dhual, is d'oscail tú féin an doras,
Thug d'aird uile ar a bhfuil amuigh ansin, amach romhat.
Bhris do lámha láidre glan ar mo bhaclainn,
Réab do chéimeanna fathaigh mo shuaimhneas,
Leag trumpa íontach do ghlóir fáinne dílis mo bhallaí.

Caochann clár na n-eitiltí
Géilleann tú an ruc trom don staighre bheo,
Siúlann amach ar gheata na n-eitleán, tionntaíonn.
Buann tú go furasta
Comórtas draothadh gáire an aerfoirt.

Cromán na gCearc

I dtús báire, ba gheit a bhaineadh sí asam
- mé ar mo mhachnamh clapsholais sa gharraí
ag siúl go mall, mo mhéara leis an duilleoga,
mo shúil ag muirniú fás gach gas
m'anáil ciúin roimh mhórgacht luí na gréine.
Ar airde mo chinn a heitilt, an dá sciathán
Oscailte ina gleann fial ar dhá thaobh an choirp.
Chorraigh an t-aer lena himeacht, osna ciúin,
Agus í ar a seilg, tostmhar, tapa.

Ní fhacas ariamh ag cromadh í ach chamadh sí
I leataobh go minic, faobhar a seilge a thabhairt ar shiúl
Ó mo mhuineál bhí ina bealach.

Tagaim uirthi ar maidin, úrmharbh, ina luí álainn ar an fhraoch,
                                                    eití leata,
Báinne nimhe ag líonadh ina súile, gach cumas imithe,
Agus an ghaoth ba ghiolla aici, ina leanbh bómánta ag súgradh
                                                    lena heireaball.
Fágaim i ngabhal crainn le hómós í,
Ach diúltaíonn an ghaoth don deasghnáth choimhthíoch agus
                                                    leagann í.
Cuirim ina luí ar dhos fraoigh í.
An mhaidin dar cionn, tá cleití scaipthe, corp ar shiúl.

Coinnle Samhna

I gcuimhne ar Ken Sara-Wiwa agus ochtar eile
Ogoni a chrochadh sa Nigéir 10 Samhain 1955

Seasann coinneal idir gach spíce, agus thíos ag cois an bhalla
Tá praiseach solais de choinnle ag dó,
Geal agus dearg, buí agus ómra, gorm agus dubh,
Beag ramhar, ard tanaí, cornta casta,
Coinnle altóra, coinnle Nollag, coinnle déanta grá, coinnle beaga
seomra luí linbh,

Cuid i bprócaí, cuid ina seasamh saor, iad ag dó
I gcomhcheilg chiúin le haimsir seo gheimhreadh Éireann.
Tá gort de bhlátha solais, de nóiníní Nollag
De bhladhmanna beaga gáis, de chúr miontonnta
Ag creimeadh an bhalla, balla seo na hAmbasáide.
Cogarnaíl de phaidrín páirteach ag na coinnle os comhair na
hAmbasáide.

Shleamhnaigh na giollaí amach i ndiaidh meán oíche,
Mála dubh plaisteach ag gach giolla, is rug ar shiúl
Na coinnle, na prócaí sin a scoilt, a lúb, a leáigh faoin teas.
De shiosal is de chasúr ghlanadar go healaíonta an chéir
A leáigh le spící, le balla, le casán, an chéir a leáigh,
A d'éalaigh ina línte, ina linnte, ina slaoda, ina srutha,
An chéir a rith, a chruinnigh, a chruaigh.
Bhaineadar de shiosal í.

Ar maidin is léir mí-éifeacht a gcuid oibre
Nó tá coinnle is blátha is céir uilig glanta as radharc
Ach síneann rian na toite soiléir ar an bhalla
Ag déanamh a bhealaigh éiginnte in airde go deimhin
Agus tá lámha spréite na nduilleoga cnó capaill ar an talamh
Ina gcuimhneacháin ar an chroch,
Ina ngeallúint ar choinnle a chrochfar ag maisiú gach crainn,
teacht an earraigh.

Deireadh Saoire

Ghluais do chraiceann faoi mo láimh
Is mo chraiceann faoi do láimh, bhí beo.
Rinne ár gcéadfaí gairdeas is chuala, i bhfad uainn,
An traein sin chun an chósta ag feadaíl faoi spéir ghlan lae,
Gach buairt uirthi, hata gréine, culaith snámha, unga cnis acu
                                                                    uilig,
Iad ag imeacht faoi aiteas ar saoire.

Chím anois ar ais iad, griandóite, folláin, dáiríre, cleas nua ar
                                                              a n-eolas,
Bucaeid agus spád mar uirlisí scile nua chun poll a thochailt,
duine a mhúchadh,
Flosc chun oibre ar gach buairt.

Cumhacht na dTrucailí

Bailíonn na fir an fheamainn chladaigh
Agus imíonn trucailí faoi chnocán ard de lasta
A chaoineann srutha sléibhe, seachtain báistí.
Imíonn na trucailí ar bhóithre beaga,
                    ar chúl seantarracóirí dearga.

Leathann an *spreader* an fheamainn ar an pháirc ghortach,
                mar a leathfadh sé aoileach bóithigh.
Tá cuid den fheamainn thirim plastaráilte ag an ghaoth
Leis an sconsa sreinge thart ar mo gharraí,
Nó in ribíní mar a bheadh giobail dhaite a feistíodh
De dhraighean ag tobar beannaithe.
Cuid eile, briseann siad, briosc, faoi mo chois
                   san aimsir thirim seo.

Titeann fearthainn rith oíche, i rith an lae, tá an talamh
                     cáidheach,
Snámhann na caoirigh go mall idir an fheamainn
                ag cuardach féir, ag ithe duilisc,
Agus líonann boladh na farraige in ainneoin aird na gaoithe.

Barr maith féir cinnte acu,
Imíonn na trucailí beaga ar bhóithre an phortaigh
                go siosmaideach, gnóthach
A dhéanamh míorúilt na tine de na bachtaí báite.

Suaimhneas

Oíche chiúin:
Siosarnach na gríosaí in aibhleoga na tine
- compord leathchodlata a cogar.

Crónán inneall an tseanchuisneora -
liostáil aigne ar an bhia ar gach seilf.

Tafann madaidh rua i bpáirc na binne thiar:
beidh ball dearg péine ar línéadach geal an tsneachta
                                        faoin ghealach lán
- corraíonn cuimhne an bháis an clúmh sa *duvet*.

Sleamhnaíonn an sneachta ar an díon;
Titeann an fichiú sluasaid cré ar chónra,
Tagann piliúr fliuch anuas ar d'aghaidh,
Tarraingíonn faobhar na lainne amach as cneá na hionathrach
                                        go ciúin.

Edelweiss

Aistrím cuid m'iníne ó sheomra go seomra,
Í ar shiúl sa Ghearmáin, mé cleachtach leis, fá seo.
Call eile ar an tseomra, tógaim éadaí,
Leabhair, seodóireacht bhréige, caiséid dhéantúis bhaile
Chuig seomra níos lú.
Siúlaim de bhaclainn lán amach ar dhoras a seomra
Agus seinneann bosca an cheoil i lár na huchtóige
                                        trí nóta piacháin.
Chím a haoibh ghnóthach romham ar bharr an staighre,
                                        fuadar fúithi.
Ach tréigeann an íomhá in aer deannaigh an tráthnóna
                                        samhraidh cathrach.

AN FHUINNEOG THUAIDH

Sméar Dubh

Luíonn tú i leaba na ndriseacha, cluthar, ceilte,
Ag aibiú do rúin.
Líonann gach meall gorm,
Cruinníonn sú ghrian an fhómhair ghil ionat
Agus amharcann tú aníos orm, cúthail, modhúil, dúshlánach.

Bainim an sméar, idir ordóg is corrmhéar
Agus scarann sé go réidh éasca le dris na ndealg.
Tagann liom go toilteanach.
Tá an lacht chomh lán go bhfuil teann faoin chraiceann, teas
                                        na gréine ann
Agus tagann chugam d'aon chuar álainn amháin aníos.
Abhlann dhubh ar mo theanga, nóiméad,
Go bpléascann ina tonn fola siar isteach.

Carrickatine
I gcuimhne na fóirne a bádh Samhain 1995

Aithnímid a chéile, gnáth-áitreabhóirí na trá:
Mo chara a éalaíonn chun suaimhnis ón teagasc páistí,
An bhean óg leis an mhadadh ar iall, leis an phian
                              nach dtig a cheangal,
Fear beag na maidí croise a dhiúltaíonn do mheath na ngéag,
An fear eile sin, chomh bocht is go santaíonn sé an raic, is mé féin.

Aithnímid, fosta, na stráinséirí a thagann
Ar a gcúrsaí gan cuspóir, lena gcuid trealaimh dhaite,
Leis an mhian ag siabadh dá gcorp, ina gaineamh
                              de dhumhach lá gaoithe.
Ach ní hionann iad seo, ina mbeirteanna dóibh ag siúl.

Siúlaid go meicniúil, ag cumhdach na trá, ag scrúdú na farraige,
Ag déanamh ar líne a aontaíodh, líne eangaí,
A súile de shíor ag obair, ag tomhas, ag cuardach,
Ina ngainéid mhaidin gheimhridh os cionn bhlár gortach farraige.

Raic trá, clár ag snámh, cliabh éisc, miotóg dhearg rubair féin,
Nó sluaghadh éan, ní imíonn orthu. Chí siad a bhfuil ann.

Taobh thiar de Thoraigh tá na báid ag cuardach,
Rosc sonar ag stánadh isteach sa duibheagán, súil le muir.

Dúl chun Síneadh

Chím na comharthaí, an síneadh ar an lá:
Ceol cuileoige san fhuinneog a mhúsclaíonn mé,
Is ní broidearnach i mo shúil í sin, ach spideog sa sceach,
Nó dreoilín sa bhalla, ag saothrú codach go tapa.
Tá mearbhall ar na caoirigh óga fán chorraíl ina mbroinn.

Ramhraíonn na bachlóga, gach de réir a chineáil,
Ar dhath geal bán, úr glasuaithne, nó mar smidiú béil.
Tá láimhín veilvit ar chorna cruach na saileoige.
Tá taifí le truaill chnó capaill don ghasúr a thiocfaidh san fhómhar.

Rollann rotha cairte na ndriseacha isteach
Sa gharraí a réitíos glan, a mbrú ainrialta,
Dealg a gceilge i bhfostú i mo bhríste ag iarraidh mo leagtha.
Sáim spád sa talamh is tagaim ar chró cheilte
De shleánna geala, rinn ghlas orthu, iad ag gobadh anios
                                    go geal ón tsíol
I lios dubh a stórala.

A ceird i ndearmad aici, dathaíonn an ghrian an t-aer
De réir a bhfuil thíos fúithi: donn os cionn an chnoic,
Glas bog os cionn na gcuibhreann, gorm ag an mhuir,
Agus leachtaíonn an solas ar fud na spéire.

Crochann casóg ar chuaille, mé i mbun spáide,
Ach fuaraíonn an t-allas faoin léine.
Drannann cár gealaí leis an ghrian,
Druideann an siocán poll an lae sa leac thiubh oighre.

Bheirim cliabh den mhóin mhaith isteach.
Dúnaim an doras.

Caoirigh Feabhra

Tóin re gaoith na caoirigh
Gan d'fhoscadh acu
Ach na crainn bhochta bhriste a d'fhág siad féin.

Fágann fiacla maola, crúba géara, lomra nimhe,
                              cimilit chlaimheach
Baill choill Passchendaele ar na crainn dídine ar chúl an tí
Faoi luí dearg nimhneach gréine, faoi néalta buíliatha,
Faoi urchair chloch-shneachta.

Deasaím an tine go léimeann bladhairí, roghnaím dlúthdhiosca,
                                                leabhar.
Tá deimheas a súl dubh buí fuar ar mo chraiceann.
Is gan eadrainn ach gloine.

Glaoch

Buaileann do ghuthán amach
Gan freagairt san halla fuar.
Amharcann an pictiúr air,
Corraíonn an cuirtín go míshuaimhneach,
Deir an clog, "Uch, ach lámha agam..."
Glaonn an guthán isteach sa chistin,
Cuireann a chloigeann isteach ar na seomraí, ceann ar cheann.

Luíonn an deannach ar do thábla.
Leag séideán rúnda éigin
Duilleog bhán amháin de do dheasc go talamh.
Tá blátha crom básmhar i bpróca,
An dath ag imeacht astu.
Chan thiar a fuair tú iad, a chailín,
An aimsir seo. Is tú a bhíonn siúlach.

Buaileann mo ghuthán amach, ag bolgchaint
Tríd do ghuthánsa, ach diaidh ar ndiaidh
Tránn an t-údarás, téann caointeachán
Agus impí ag sní na pasáistí folmha síos.
Déanann an tost fonóid chiúin.
Géilleann an guthán, luíonn siar ar a chrúca.
Tá cóta ar crochadh ar chúl dorais, gan duine ann ....
Tá an nasc gearrtha.

An Frog sa Bhucaeid

Tá frog sa bhucaeid.
Cá fhad anois ansin é? Is ar éigean beo:
Ní bhogann an scornach,
Tá mogall ar na súile,
Tá an craiceann iomlán tirim,
Ina ghlóthach seirgthe,
Ar dhath luaithreach na móna thart air,
Ina chac tirim caora ag an mhóin,
Ina chamal caillte sa ghaineamhlach shinciarainn.

Tiontaigh an bucaeid bun os cionn,
Nó ní cónra mhiotail é dá leithéid shoineanta
Nár thuill an cillín buí.
Amharc air. Bogann sé, suíonn ceart,
Droim íota le spéir, géaga le sráid,
Súile leat. Ní iarrann. Fanann.

Buacaire an chlóis taobh leat, ní haon rud mór
Boiseog a shilt anuas air, braon ar bhraon.
Amharc a dhroim, dathanna ag filleadh ar an chraiceann leis an
bhaisteadh.
Tógann sé a dhá lámh mar chosaint ar a shúile
Nó malaí agus fabhraí níor bronnadh air san ubh.

Agus imigh leat, anois, do ghnósa déanta.
Cead amhairc i gcionn leathuaire agat – ní bheidh sé ann.

Ionradh Earraigh

Níor léir a dteacht, ach i dtobainne bhíodar ann.
Na céadta díobh, mar fómhar trom buaircín ar gach crann.
Chomh glórach le clós scoile, sos beag na maidine.
Iad á gcaitheamh féin ó chraobh go craobh, ag scinneadh
                                chuig crann eile
Ar sciatháin ghearra thriantánacha, fuadar fúthu.

Ar maidin, ba mhó arís a líon
D'imigh an dá shnag bhreaca,
Rinne feannóg gearán callánach sular ghéill,
Chuaigh an éanlaith bheaga i leataobh láithreach ón tslua úr
Is rinne a gcuid áit eile gan imreas fá chríocha talaimh a chéile
Tráth seo éigeandála.

Róthrom do na crainn, agus iad ag iarraidh bia.
Téann siad go talamh, ag sá, ag léimt, ag sá,
Cipe chun tosaigh, duine ar dhuine ag rith cúig chéime
Ag stopadh faoi fhoscadh a dhatha, ag faire,
Súil síos amas an ghoib, le sá baignéide,
Culaith dhonn ar gach éan, suaitheantas dearg faoin ascaill,
Stríoca buí faoin tsúil ag inse a chineáil.
Súil agus glór, gob agus goile
Agus tuiscint ar thaicticí acu. Leathann siad amach
Ar fud na dtrí pháirc go gcruinní isteach a gcairde,
Go méadaítear an glór, go raibh an talamh beo lena mbogadh.
Tá cuid sa gharraí; druideann siad siar chun na sceiche
                                ar theacht an duine,
Ach corrcheann a stopann, ciúin gan corraíl
Ag faire, súil is gob in airde, dírithe ar do ghlúin.

Seo an deargán sneachta. Ar theacht an earraigh
Bailíonn, beathaíonn, pléann an bealach, imíonn
Soir chun na Rúise ar ais faoina chlúmh donn ag eitilt ar eití gearra.
Tá réalta ar a éadan ag tabhairt eolais. Caillfear roinnt ach
                                 mairfidh cuid
Go sprioc, go coillte beithe an tuaiscirt, go fairsinge.

Musclaíonn tost na maidine thú de gheit,
An t-aonarán a mhair, nach dtuigeann cad a chronaíonn sé uaidh.
Cad é seo? An tsíth?

Fud oirthear Prúise mar a bhí, ar mhachairí na Polainne,
                                 i dtíortha Bailt
Beidh rian den ghort bheag Ultach seo, síolta crua, creatlach feithide
An chuid den chreach nach fiú a iompar
Ag titim ina fearthainn gheal.

Óglach
I gcuimhne ar an Chornal J.M. Doyle

I dTír Fhionnuar an Iúir
I gcás na péine dó, tá m'uncail ina luí,
Socair faoi dheireadh.

Os a chionn tá fuinneog dhaite Harry Clarke
Idir sinn agus léas glas.
Críost ar chrois ina sheasamh ag síneadh
A dhá sciathán le crann amach, in airde, ar dhá thaobh a chinn -
Ní de chúinge lucht Jansénius, ach ar mhaithe le smacht air féin,
Nó mar a bheadh tomadóir drogallach -
Agus cuan de mhná faoi chlócaí gorma, miontonnta geala
Fuar ag a chois.

Nó mar a bhíodh sé féin, an stiúrthóir, a réamhchomhaireamh
                                        déanta beacht,
É ar tí an buille anuas a thabhairt d'údarás iomlán,
Siansa na foirne ceoil a thoiseacht glan,
Ordanás na nótaí a scaoileadh ar an raon go cruinn.

Bliain déag agus ceithre scór aige, an acmhainn phoiblí cheoil
Tráite chun ciúnais ó na hallaí amach, chun seomra suí
                                        a chuimhne,
Tá gach gníomh fulangach faoi seo, bíodh le greann nó
                                        misneach é,
Tá réidh ar an chladach rófhada,
An ghaoth fuar feanntach ar a chliabh lom

A aird uilig isteach le pian a chur faoi smacht nó (murarbh
                                    fhéidir sin) faoi cheilt
A shúil le turas faoin Ghlas Naíonda.
An t-adhmad a bhíodh cinnte, tá anois ag leá.

Tá peadairín an uisce ag rith ar an tsáile
Ag cuartach na heochrach a chailleamar.

Athrú Datha

Tréad ar thréad ag innilt, sreang leictreach á dteanntadh
Ar bhánta méithe seo na Mumhan,
Mé ar thraein ghasta chuig tórramh eile arís,
Gach uile bhó díobh dubh agus bán
Ag gobadh amach as an ghlaise úr, mar a bheadh bréagán
                                        adhmaid linbh.

Ní dubh ná bán a bhíodh siad, eallach m'óige,
Sna páirceanna a raibh mo thriall ag imeacht eatarthu chomh
                                        sciopta cinnte sin,
Iad ina seasamh ciúin, féar go glúin orthu nó ina luí, níor dhubh
                                        ná bán
Ach donn, an leathar donn, gainní ar an chré ina diaidh,
Longadán na naofachta ón Ind ina siúl.
Ba iad an ithir féin ag gluaiseacht, bhíodh an bhuachailleacht
                                        saghas umhal.

An tráth sin, ba dhubh agus bán mo léamh ar an duine,
                                        ar an dán,
Ach anois tá donn gach fealsúnacht, gach fadhb, gach réiteach,
Donn an fionnadh, an craiceann, fuílleach, fágálach is leasú.
Donn,
An chré ag imeacht de shluasaid an ama i gcónaí.
Im an nóiméid ina fód móna ag eitilt aníos den tsleán isteach
                                        i mo dhá lámh
Agus barra mo mhéar ag cinntiú mo ghreama go domhain
                                        isteach
Ar eagla a sleamhnaithe uaim, an chaill thobann,

Agus fód donn eile a theacht anuas den tsluasaid orm.
Tá an saol mór donn.

Is cosúil le cleas lucht teilifíse iad na ba, nó bosca bréagán
scaipthe ar na bánta
Ach níl an saol chomh furasta sin,
Níl, ná an bás.

Cárta Poist Chuig T.P.E. Gearmánach

Iarrann an rialtas é, nó rialtas na Bruiséile, n'fheadar –
Is coinníoll ar dheontas é, ar scor ar bith.
Stóinseálann sé na cuaillí troma
Go domhain sa chré ar chríoch an dá ghabháltas,
Ritheann an tsreang ó chuaille go cuaille, sreang dheilgneach
theorainne.
Déanaimse a choimhéad, gan lámh chuidithe a thabhairt
Nó tá a cheird aige, iomlán, as a chonlán féin.
Eascaine is gá, go minic, agus corrbhraon fola;
Caitheann sé dua mór ar gach coirnéal ag daingniú na gcuaillí
cúinne
Gona dtacaí aeróige. Cloch throm i mbéal bearnan a leagann sé
go cúramach,
Gach áit a dtarlaíonn lag nó draein i mbealach na líne dírí.

Ar imeacht dó, déanaim scrúdú ar an tsreang,
Ar an iarann casta, ar na ranna ifrinn.
Brúim mo chorp ina héadan go bpolltar mé.
Cé sásta atáim go gcuirfí stop le slad na gcaorach i mo gharraí,
Cha dtig a bheith cinnte an iad na caoirigh atá ar chúl na sreinge.
Amharcaim an teach feiceáil ar athraigh sé crot.
Smaoiním orthu siúd a dhréachtaigh na rialacháin.
Musclaím go moch ar maidin, mé ag ceapadh
Gur cuireadh ord leis an doras, dlí leis an choinneáil,
Fear faoi chulaith dhorcha, faoi caipín speice, agus gunna ina ghlaic,
In airde ar gach cuaille cúinne a daingníodh chomh cúramach sin.

Ceist agus Freagra agus Ceist

Fiafraítear díom
Nach méanar duit an suaimhneas
Nó
Nach mbíonn an tost ina bharraíocht agat?

Feithidí fómhair ghréine, éanlaith, eallach agus caoirigh
                                    agus madaidh na gcomharsan,
Trup na habhann ag fáscadh na fearthainne as éadach an chaoráin,
Bogadh na dtílí ina leaba úr sa díon
Agus comhrá suirí na gaoithe is na gcrann – cén tost?

Tá goile an tseanchuisneora ag gearán,
Tá an ríomhaire ag geonaíl ar an deasc,
Glaonn *muezzin* an Bhord Soláthair ón chuaille ard sa ghairdín,
Tá dhá chlog bheaga ag tomhais mo thaisí de chogar. Suaimhneas?

Má fheannaim tuilleadh coirte de chrann seo na beatha
Chun teacht ar chaimbiam an fháis,
An mairfidh fós an crann,
Nó an seargfaidh, go ciúin?

Maidin Sheaca i nDeireadh Fómhair

Go mall, chomh mall sin, chomh mall
Nach dtig liom amharc i leataobh ar eagla a gcaillfinn
Go mall aníos óna cromáin láidre leathana, thar ucht,
                                  thar ghuailleacha.
Tarraingíonn an mhaidin ceo geal bán ghúna na hoíche
Den tsliabh os comhair fhuinneog mo chistine, sé mhile ar shiúl.

Imíonn an scamall ar ghnó an lae; tá poll domhain de spéir ghorm
Thart timpeall ar imreasc an tsléibhe, ag amharc isteach orm.
Fuaraíonn an cupán i mo láimh, ní mhuirníonn mo mhéara
                                  an dé ann.
Dreapaíonn an fuacht ón urlár cré trén leac mo chosa aníos.

Cá fhad, anois, ó chonaic mé an duilleog fheoite sin de dhreoilín,
Ó cailleadh an spideog, a brollach i measc an ghleoráin ina luí,
Deoir fola ceilte ar bhrat na ndeora Dé,
Cá fhád ó léim cúrsaire an ríomhaire ar ghiorria sléibhe an dáin,
Ó chorraigh an fhuil seo faoi thús seaca Dheireadh Fómhair?

Is lú gach bliain an chinnteacht sin, gan fios
De theacht an earraigh, den mhairstean slán,
Is lú gach bliain de thaithí ghoirt an tsaoil, de thórramh ciúin
                                  na mion.
Ní ceann an tairne a chonac ar spéir na hoíche buailte,
Ach bior géar soilseach, ag taitneamh leis an bhualadh anuas tríd.

Síniú na Miontuairiscí
ar léamh liosta na marbh

Seo anois an t-am don reicneáil, don chuntas, don líne dhúbáilte,
Don taifead chruinn, do shíniú na miontuairiscí.

Ach fógraím go bhfuil an taifead contráilte,
Go fiú sa mhír bheag a bhfuil eolas aithláimhe agam uirthi.
Tá fíor gur mharaigh an UVF é, sea,
Ar an chasán taobh amuigh de shiopa búistéara,
É ag ní fuinneoige sa Bhábhún Mhór,
Ceathrúintí is leathchliatháin ar chrúcaí ag crochadh,
                                    stampa Stormont orthu,
Fearthainn, agus dath ag sníomh san uisce.

Cúisíodh go hóg é, roimhe sin, tá fíor, gur chuir sé príosún de.
Tá ceart go raibh sé pósta agus clann air.
Fíor fosta – ní nach ndeirtear – nach raibh sé gníomhach
                                    ó scaoileadh é
Gur scaoileadh é,
Ach lean víoras an taifid de, frídín ina chuid fola ag fanacht le
                                    pléascadh glan.
Thug an taifead fianaise bhréige air,
Nó tá an taifead mícheart.

Bíodh a ainm bocht dílis aige sa taifead,
David,
Rí óg ag rince de ghrá Dé,
A chosa ag bualadh go láidir leis an chré,
David.

Athraigh an taifead, cuir gach ní ina cheart, go gcluintear
Ar fhleá na sráide arís a sháil ag bualadh.

Leasaigh an taifead dá réir.
Molaim an rún.
Cé chuidíonn?

Clochaois

Glanaim an ghort ach tá carraig i mo bhealach, mar smál.
Is bheirim í – mo dhroim ag lúbadh – chun na críche
Lena suíomh go cruinn sa bhalla
Ach tá an balla iomlán.

Fágaim dóthain spáis don dreoilín, don easóg fiaigh,
Do theacht mall an chuilinn, lon dubh ina aingeal á fhógairt.
Fágaim mionfhuinneoga ag an spéir, a gcrot mírialta
Mar a bhíonn i ngloine dhaite eaglasta de naoimh.

Tógaim an charraig den talamh arís
Tar éis mo scrúdaithe.
Ní thitim leis an iarracht ainneoin a drogaill,
Ainneoin bhéal an ghláir ag diúltú scaoileadh léi,
                          an phóg ag déanamh fonóide.

Siúd linn chun an chladaigh agus, lán chomh tomhaiste cúramach
Socraím faoin lánmhara í go bhfásfaidh feamainn
Go snámha iasc beag, go ndéana portán fearann seilge de,
                          go nguí feamainn.

Tagaim go rialta á bearradh,
Ag tabhairt lasta leas na farraige
Chuig an ghort. Leathaim ar an chré,
Spádálaim isteach sna hiomairí an leas.
Bíonn súile gorma bhalla na gcloch ag coimhéad orm.
Ach ní mhaíonn siad gaol.

Gorta

Tá an preáta cruinn i mo láimh chlé,
A feoil bán crua ar mo bhois ag luí.
Scamhaim go láidir faoin tsruth nimhneach fuar
(A dtagann ón bhuacaire, is ó loch an tsléibhe a thig)
Á réiteach don ghail, do mo bhéal, do mo dhíth.
Brúnn mo bhléin le himeall miotail an doirtil.

Cén fáth, a chroí,
(Cuirim bior scine le súil eile, sciúraim máchail dhonn,
                                    leanaim rian na toite,
Déanaim mín gach garbh, déanaim tochailt i ngach lag)
Cén fáth, anois, mo lámha gan mhothú ach amháin an phian,
Cén fáth, a chroí, a smaoiním ort anois?

Taispeántas

Tá garraí na bpreátaí dubh, agus thíos faoin sceach
Na preátaí féin i bpoll.
Santaíonn an ithir dhubh úrthreafa an obair is dual
Ar theacht na scoilteán, ag fíorú aisling fothalaimh na súl.

Ach thíos ag bun an gharraí tá ceithre líne den cháil,
Na cloigne arda glasa ar mhuineál tanaí ag scréachaíl
Mar a bhíonn ar scáileán ó thiortha gorta, thíortha cogaidh
Nó mar a shamhlaigh mé an poll sna machairí taobh thiar
De Theach na mBocht Dhún Fionnachaidh.

Ach níl teanga ag cabáiste nó póca ar thaiséadach.
Tá greim néata agam ar mhuineál mo ghloine Chardonnay,
                                                     deora léi,
Agus mé ag fiafraí den riarthóir faoin chéad ócáid chultúrtha
                                                     eile a bheidh
San fhoirgneamh ríspéisiúil luath-Victeoiriach seo.

153

Tuirseach den Bhás

Tuirseach den bhás
De scaoileadh anuas sin an rópa go tapa náireach ar thaobh amháin
                                        den chónra,
Dá thógáil aníos go leithscéalach, den chornadh néata ar thaobh eile.
Tuirseach de na paidreacha sa ghaoth.
Den bhraon anuas de bhunsoip scáth dhubh fearthainne na spéire,
D'aghaidh gach mná ina lacht, gach fir ina leac,
De chré na reilige ag greamú le bonn bróige, chun éalú abhaile,
Den anraith óstáin úr ón mhicreathonn nach gcuireann cúl le fuacht,
Den chomhrá iarbháis, den challán chlós scoile roimh theacht an
                                        mháistir,
Den bhás, den mhagairle dubh leathair ar chromán phrionsa an
                                        phéas,
Den chaint le hadharc an Ediphone, gan dúil le freagra,
Den iarracht aibhléis a chur sa tsúgán, den radharc aníos tré
                                        phingneacha,
Den mharbhfáisc ar smig, den dán gan foilsiú,
Den tuilleadh teannaidh ar chorp na fírinne, den ghogán briste
                                        adhmaid is den tobar seasc.
Tuirseach den bhás, den chara ina dhuine ar neamh, den tsíocháin
                                        bhásmhar,
De líne dhearg an eagarthóra, de fhás ar fud an mhéarchláir an
                                        chnaipe sin
Delete,
Tuirseach den bhás.

Cailltaisce

Imíonn sé ar strae, nó bím ina dhíth
Agus gach cailltaisce ceadaithe, cuartaithe.
Ní thig a dhéanamh ach mar ba ghnáth fadó,
An lámh a shá síos isteach sa chathaoir mhór
Thart timpeall ar na cuisíní, droim láimhe
Le fráma garbh adhmaid, ceann na dtáirní, barr gach méire
Ag bogadh sa tóir ar mhionrudaí
I linn chladaigh an ghnáith.
Ní leor barr méire lena dtógáil, agus sin agat
Bua an duine, greim méire agus ordóige a thógann
An éadáil bheag ón doircheacht amach aníos.
Is léir anois a luach, a mianach, a gcineál, iad faoin aer –
Bonn airgid nó dhó a thit de phóca briste, iontaisí
Mar pheann a thriomaigh, feistis ghruaige, ribí fada orthu
de stíl a bearradh,
Greabhróga ciste mhilis, iad crua stálaithe, mirlín, cnó roicneach
capaill, cleite,
Bandaí leaisteacha, litir phríobháideach (an dúch ag tréigean, an
cás sin thart),
Leabhar tanaí filíochta nár chronaigh tú uait
Dealgán cniotála, a bhráthair caite amach ó shin, cuar beag gan
súlach de chraiceann oráiste
Agus eile. Fómhar gortach, fianaise bhocht ar shaol nár sheasc.
Glórtha nár d'aon ghnó a cuireadh i dtaisce.
Tá droim na láimhe nimhneach ag an bhréidín, pollta ag scealp
ón fhráma.
Ach leanann tú, óir thosaigh tú, thart ar gach cathaoir,
ar chuisíní an toilg

Tá carn beag na héadála ar thábla ag taobh vása na mbláth
                                                          earraigh –
Carn brógaí linbh, carn de fholt dorcha, carn de fháinní óir.
Amharcann tú na cairn, cúl do láimhe le do bhéal, do theanga
Ag maolú do mhionghortaithe.

Imirt Chártaí

Moll mór cártaí ar a bhreacas mionsonraí staire
Don tráchtas sin nár tharla – Caidreamh Aodha Mhóir le Gaill.
Piocaim amach cúpla ceann gach lá as a gcúl a bheith bán.
Déanaim a n-athchúrsáil,
Nótaí dom féin, calógaí le balla, pointí tagartha don chuimhne.

Oidhe Armáide anseo, Cionn tSáile ansiúd,
Léirmheas air sin roimh Dhomhnach, léigh siúd faoin chuimhne,
Conas *cedilla* a cheangal le c, *tilde* os cionn *manana*.
Bailigh na brístí ó na glantóirí.
Íoc an bille seo inné! Gairleog.
Cuir féirín chuig Mabel Bagenall ar an Iúr.
Ganntanas piléar – cá bhfuil an lasta Albanach?
Labhair le Donnghaile na n-each fán láir.
Cén chiall le cailltaisce?
Cad is fiú an bhairdne?
Bagair ar an Chochlánach as a mhoilleadóireacht rómhilis.

Righníonn, triomaíonn an Blutack, titeann na cártaí.
Gainní mo chuimhne, plátaí mo chulaithe cruach catha.
Níl a leath déanta. Tá siad faoi chois,
Mo dhuillí geala, gach craobhóg,
Caithim iad sa chiseán bruscair go líonann thar maoil,
Lámha beaga bána ag iarraidh éalú thar imeall na huaighe,
Tilí de bhalla stáisiúin dhruidte san Underground.

Na Dialanna

Seo an lá ar dhóigh mé na dialanna.
Ní thrustaim an insint a ní siad,
Ná an éisteacht di.

Dhubhaigh an páipéar,
Róstaigh an clúdach leathair,
Bhí boladh géar i mo ghaothsán
Ar an phlaisteach sin a chorn thart ar chuaille miotail dhroma.
D'oscail piotail na leathanach gur bhris mé an bláth.
Rinneadar osna.
Tharraing mé buille den tlú iarainn
Ar an bhréag a bheas; bead saor ar an bhréag a bhí.

D'oscail a mbéal bán orm don uair dheireanach
Is dhruid mé orthu é de bhuille maide bhriste.

Fiche bliain ag imeacht.

Beith

Titeann na boinn órga go mall.
Leoithne bhog á luascadh; nó sciobann gaoth láidir
Ar imirce iad, as an bhealach; nó corruair
Ag crochadh gan corraíl san aer feadh meandair.
Bhí glas, ach d'óraigh le fómhar.

Thugadh an bheith an bheatha, chuaigh an cothú
I ndísc agus thriomaigh sine an cheangail.
Shaibhrigh an bás an duilliúr, bhí luí gréine
Na farraige móire thiar mar chríoch.

Breacann an t-ór an fhaiche, líonann anuas den sparán
                                        a tiontaíodh,
Luíonn ina uige óir ar ghuaillí an gharraí,
Tagann an mhuintir bheaga, mionréabhlóidithe,
Loin ina n-ollscairtirí, spideogaí ag cúrsáil,
Craos na gcuiteogaí ag athchúrsáil, gráinneog ag neadú,
Leasaíonn, athleasaíonn fréamhacha an chrainn,
Alpann nó beathaíonn a chéile agus bleibíní bhlátha an earraigh.
Beacain agus canach, freisin, mar luí gréine beag faoi cheilt.
Bolgann na rútaí aníos, craitheann díobh dromchla dhubh
                                        an chasáin.

Titeann na boinn órga go mall, siollaí sa ghaoth.
Infhilleann an fhaiche iad go muirneach, mar réamhíocaíocht
                                        ar earrach.

GAN FOILSIÚ

Dán Nollag

Dhá mhíle bliain fhada den rí mhór is den naíonán –
Tuirsíonn, tanaíonn an t-iontas. Mise an rí, mise an rí
A ghlaoim, ag tiomáint siar liom, ag gluaiseacht go mear,
Lód camail ar mo chúl. Tá réalta os cionn aerfoirt,
Leanbh ag filleadh abhaile. Ach imím liom.

Imím ón trácht a bhagraíonn, a bhrúnn, ón scáth fearthainne
                                       a iompaíonn
Goile agus easnacha amach ar an chasán, ón bhus gan teacht,
                                  ón bhus gan dara teacht.
Imím, mo pháipéir liom, chuig mo theach beag bán i measc na
                            gcnoc, m'aisling féin,
An creideamh a d'iompair i rith na mblianta fada mé. Ag imeacht
I dtreo na gcrann a fhásann, ón choincréit chun na cré.
Dúnaim an fhuinneog ar na *Big Issues* ag an bhean óg sin ón Rómáin.
Imím.

Glacfaidh mé go réidh é, cionn cúpla lá. Tá gach rud agam.
Is aoibhinn liom an tost thart timpeall orm,
An carn bia sa fridge, mo thine ard, na fóda móna ina gcraos. Ansin,
                                   an obair.
Tá ceapord agam lena leagan, lena chaitheamh amach,
Mainséar sin an bhoithigh, mainséar mór garbh cloiche,
Mainséar dúghlas salach a mbíodh lao agus asal ag ithe as,
A mbíodh neantóga agus aiteann i measc fodair bhoicht ann,
Mainséar le balla nach samhlaím le haon naíonán,
Mainséar agus slabhra leis, mainséar agus tua.

Buailfidh mo cheapord, oibreoidh mo shluasaid.
Ní bheidh aon rian fágtha den tseanmhainséar ann.
De réir mo phlean don bhoitheach, don tseomra úr a bheas ann
Beidh leabhragán agus pictiúr le haol geal an bhalla sin
Agus ceol mo chlutharú go teolaí, cantain eaglasta ar uairibh,
Agus macallaí na soineantachta ag simpliú mo sheilbhe ann.
Leathfad clocha briste an mháinséir ar an tsráid faoi chois amach.

Amharcaim an spéir istoíche, na réaltaí os cionn sléibhte.
Slogtar isteach m'éachtaí, cailltear ann mo phlean.
Tá an ghealach ann go huaigneach, gan leanbh ag diúl a cíche,
Macallaí dhá mhíle bliain ag tréigean, fuacht na hoíche ag cruinniú
Agus gach cór ciúin.

One for Sorrow
in memoriam Máire Doyle

Lasadh aghaidh mo mháthar, aoibh uirthi – an gáire, an chaint ard
                                                            sholasta
Nár mhinic aici, b'in a bhíodh aici
Agus m'aint ar cuairt aneas, ina hearrach faoi bhláth.
Chuirtí ó dhoras mé, tráth na rún
Á malartú ina dtoitíní cogarnaíle, brioscaí le sásair fágtha,
An dá cheann crom i dtreo a chéile agus gan slí ann dom.
Shuínn ina hucht, ucht gan boladh bainne,
Is b'ionann dath ár ngruaige. Barr a méire
Le barr mo shróine, gháireadh sí faoi fhiaradh mo shúl
Go gcuireadh mo mháthair stop leis sin mar amaidí.
Theannadh a géaga, cuan mo chodlata de ghéaga, thart orm
Agus chimlínn, de bharr méire,
Fionnadh fineáilte chraiceann bhreicneach a sciathán faoin ghréin.
Ba sheolta a sciortaí geala agus ise ina crann,
Ina crann ceoil, fómhar duilleoga ag imeacht ina stoirm nótaí,
Mo chealgadh de shiosarnach duilliúir,
De ghaoth chumhra análach i mo ghruaig,
Nó mise ar a glúin, a dhá sciathán thart orm, a méara ag dúiseacht
                                                            an phianó,
Ag cur an gheal ina dhubh, an dubh ina gheal, mo mháthair ag
                                                            ceol léi
Agus leanbh ar a gualainn, ceirt ina láimh, naprún faoina coim ard,
Gáire ar a béal.
Uilig ag imeacht.

Rinne snag breac suirbhéireacht fhuar, shocraigh,
Thóg cipí marbha, bhris cipí beo, agus d'fheistigh
Meall éadrom dubh in airde ar an bheith.
Dhúbail siad, a nglórtha ina gcallán meaige,
Chuir an crann ó nádúir,
Ceo bog na nduilleog ag ceilt an phoill a d'fhás.
Ní hé an cuí is rogha, i gcónaí, ná ní gá gur bocht
An aimhréidhe. Ach d'imir ál na snag a gcluichí garbha fud an bhaill,
Dubh ina gheal, geal ina dhubh, stríoca den chorcra eaglasta.
Theith mionéin, chúlaigh cat, rinneadh ár ar fheithidí
Agus ba shnagach síoraí siollaí an Morse, gan teanga cheangail,
Barraíocht de na nótaí briste, casúir bheaga veilvit imithe ó mhaith;
Níl códleabhar agam do chomharthaí láimhe na ciúinphráinne.

Liostaí le ballaí, rialacha na cistine i ndearmad,
Ba í an tolg a nead, ba bheag a chorraigh sí, ná níor leor a d'ith.
A súile ba uibheacha smólaigh, anois ina ngliogair.
D'aipigh an duilliúr, cheil an duibhe sin a neadaigh,
An dubh taobh thiar den gheal.
D'fhág dul faoi a haigne rian den óige shimplí sin
Ba chuimhin liom ó ba mise a bhí naíonda.
Tá dubh, dorcha, tá agus cuireann glórtha thíos staighre le cumha
na hoíche.
Luasc an crann agus bhris an géag agus leagadh cliabh an naíonáin.
Ach a Mháire, a chuid, is briathartha dod ainm go fóill
I ngramadach na gcluichí focal sin a d'imrímis
Is níor tháinig críoch go fóill ar bheith, ná freagra ar thomhas:
Tú a tháinig isteach ar ghuaillí daoine
Is a chuaigh amach chomh mín le síoda.
Líonann fonn mall mo chuimhne, fuálaim na línte –

Bíodh braonta fola ar an snáth, mo ghreamanna mírialta
Cuirim an dubh ina gheal, an geal ina dhubh,
Ceanglaím na duillí ina leabhar,
Déanaim comhaireamh ar na fáinní,
Aithním ar a bhféile na blianta méithe,
Luascadh crainn agus suantraí íseal.